普通高等教育铁路运输系列规划教材
国家级精品课程建设系列教材

铁路自动化调车驼峰设计

TIELU ZIDONGHUA DIAOCHE TUOFENG SHEJI

主编　张春民

人民交通出版社股份有限公司
北　京

内容提要

本书系统介绍了铁路自动化驼峰设计的理论、方法以及最新研究成果。全书共分为七章,内容包括:概述、驼峰设计基础、驼峰线路的平面设计、点连式驼峰的纵断面设计、驼峰调速设备的设置、驼峰检算、驼峰及调车场解编能力计算。本书紧密结合工程设计案例,并配有思考与练习题。

本书可作为高等院校交通运输专业研究生、本科生的教材,也可供从事铁路方向等有关专业的设计、研究人员参考使用。

图书在版编目(CIP)数据

铁路自动化调车驼峰设计 / 张春民主编. —北京:人民交通出版社股份有限公司,2014.12

ISBN 978-7-114-11894-4

Ⅰ. ①铁… Ⅱ. ①张… Ⅲ. ①自动化驼峰—设计 Ⅳ. ①U291.4

中国版本图书馆 CIP 数据核字(2014)第 285163 号

书　　名:铁路自动化调车驼峰设计
著 作 者:张春民
责任编辑:李　坤
责任校对:孙国靖
责任印制:张　凯
出版发行:人民交通出版社股份有限公司
地　　址:(100011)北京市朝阳区安定门外外馆斜街 3 号
网　　址:http://www.ccpcl.com.cn
销售电话:(010)59757973
总 经 销:人民交通出版社股份有限公司发行部
经　　销:各地新华书店
印　　刷:北京交通印务有限公司
开　　本:787 × 1092　1/16
印　　张:5.75
插　　页:2
字　　数:130 千
版　　次:2014 年 12 月　第 1 版
印　　次:2021 年 3 月　第 2 次印刷
书　　号:ISBN 978-7-114-11894-4
定　　价:20.00 元

前　言

铁路驼峰是铁路技术站的重要调车设备，是影响车站能力的关键。在点线能力协调中，点的能力主要取决于驼峰的解体能力。近年来，我国铁路在编组站布局的全面调整、铁路货运车辆的大型化以及驼峰调速技术等多方面均有长足的发展，这些为驼峰的发展奠定了基础，同时也提出了更高的要求。本书总结了我国当前对驼峰、车辆、调速设备等的研究和实验结果，吸收了铁路调车驼峰的设计规范以及最新的研究成果。

本书结合现场实际需要，从系统工程观点出发安排内容，紧密结合工程设计案例，从理论和实际应用两个方面对我国自动化驼峰设计进行了介绍。为了方便理解和学习，本书每章配有思考与练习题。本书可作为交通运输工程及相关专业研究生、本科生的教学用书，也可作为从事交通运输专业、铁路方向等设计、研究人员的参考用书。

本书由兰州交通大学张春民主编。参加本书编写的人员有：兰州交通大学张春民（第二章、第四章、第五章、第六章），兰州交通大学王宏伟（第一章）、兰州交通大学郝群茹（第七章），兰州交通大学徐重岐（第三章）。

本书为国家级精品课程铁路运输组织建设系列教材之一，也是甘肃省高等学校基本科研业务费项目。本书在编写过程中，得到了在铁路相关勘察设计院从事站场设计工作的王立仁、王晓奇、李万竹及李仲茹等的帮助。本书的编写工作也得到了兰州交通大学交通运输学院相关领导和教师的关心和支持。同时，向本书引用文献的作者表示深深的谢意。

由于编者水平和时间的限制，书中难免存在疏漏之处，请读者给予批评指正。

编　者

2014 年 9 月

目　录 contents

◁第一章　概述

铁路调车驼峰是区段站和编组站的主要调车设备(特别是编组站,驼峰调车设备是其核心设备),在保证铁路大动脉的畅通无阻方面起着极为重要的作用。

◀第一节　驼峰的组成及分类

一、调车设备

调车设备经历了平面调车和驼峰调车两个发展阶段。

◀1. 平面调车

在铁路诞生后的前50年期间,各国铁路普遍采用的调车方式为平面调车。由调车机车牵引车辆,使用简陋的手信号(灯、旗),由人工手动扳道排进路,在调车场和牵出线上往复多次推拉列车进行调车作业。这种作业方式完全依靠调车机车来推拉车辆。

◀2. 驼峰调车

驼峰是通过在地面上修筑形如骆驼峰背的小山丘,将调车场始端道岔区前线路适当抬到一定高度,并利用车辆的重力和驼峰设计坡度所产生的势能辅以机车推力来解体列车的一种调车设备。驼峰调车是编组站解体车列的一种主要方法。

鉴于两种调车方式的特点,目前驼峰调车常用于解体作业,而平面调车用于编组作业。

二、驼峰的组成

驼峰(Hump)的范围是峰前到达场(不设峰前到达场时为牵出线)与调车场头部之间的区域,由三部分组成:推送部分(Humping Section)、峰顶平台(Platform of Hump Crest)和溜放部分(Rolling Down Section),如图1-1所示。

推送部分——到达场与峰顶之间车列全长的线路范围,用于推送车列准备解体的部分,由一系列上坡组成,驼峰由此可以获得一定高度,使钩车具有溜放所必需的势能,并且车钩压紧,便于提钩。其中,由到达场出口咽喉最外方道岔警冲标到峰顶平台始端的线路称为推送线。

溜放部分——峰顶(Hump Crest)到计算停车点之间的线路范围,是车辆解体作业的核心部分,由一系列下坡组成,使钩车获得所需的动能和势能,以便车辆利用自身重力安全溜到指定地点。这里所说的峰顶指的是峰顶平台与溜放部分的变坡点。另外,从峰顶到第一分路道岔始端的一段线路称为溜放线。

峰顶平台——连接推送部分与溜放部分的区域,是驼峰的最高处。包括压钩坡和加速坡两条竖曲线的切线长。不包括竖曲线的切线长称为净平台。

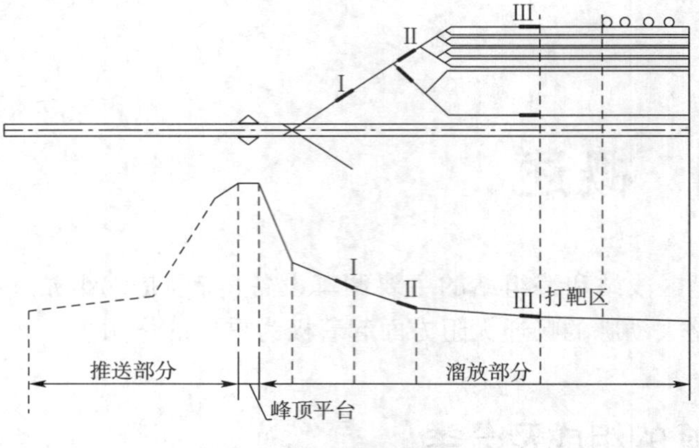

图 1-1　自动化驼峰构成示意图

进行驼峰调车作业时,先由调车机车将车列由推送部分推向驼峰,当最前面的车组(或车辆)接近峰顶时,提开车钩,利用车辆自身的重力,由溜放部分顺坡自动溜放到编组场的预定线路上,从而可以大大提高调车作业的效率。

三、驼峰分类

驼峰的类型因分类的标准不同而不尽相同。驼峰的类型可分别按其解体能力和发展进程进行划分。

◀ 1. 按解体能力分类

驼峰按解体能力分为大、中、小三类。

(1)小能力驼峰

小能力驼峰的日解体能力为 200 ~ 2000 辆,调车线 5 ~ 16 条,应设 1 条溜放线,宜设置溜放进路自动控制系统、推峰机车信号设备或机车遥控系统、钩车溜放速度半自动控制系统,也可采用人工或简易的现代化调速设备。

(2)中能力驼峰

中能力驼峰的日解体能力为 2000 ~ 4000 辆,调车线 17 ~ 29 条,宜设 1 ~ 2 条溜放线,应设有溜放进路自动控制系统,宜设有推峰机车遥控系统、钩车溜放速度自动或半自动控制系统。

(3)大能力驼峰

大能力驼峰的日解体能力为 4000 辆以上,调车线一般不少于 30 条,2 条溜放线,应设有推峰机车遥控系统、钩车溜放速度自动系统和溜放进路自动控制系统。

大、中、小驼峰根据需要,选用车辆减速器、减速顶、可控顶等调速设备。

◀ 2. 按发展进程分类

(1)简易驼峰

1876 年在德国斯毕道夫编组站建立的驼峰是简易驼峰的开始。此后,美国、日本、法国等相继建立了简易驼峰。

简易驼峰平纵断面设计很简单,平面道岔作业采用人工扳道,一般设 1 条牵出线和 1 条溜放线,峰高较低。与平面调车相比,简易驼峰调车不需要调平机车反复来回推拉车列,能提高调车作业效率,改善作业条件,减轻作业强度。不过其调速设备以手闸和铁鞋为主,溜放钩车速度较低,安全性较差。

(2)非机械化驼峰

非机械化驼峰在平面道岔处设置继电集中控制,设 2 条推送线和 1 条溜放线。与简易驼峰相比,非机械化驼峰用自动扳道替代人工扳道,并实现预推待解车列,提高了解体效率。不过其调速工具仍采用手闸和铁鞋,作业安全性和安全连挂率没有得到改善。

(3)机械化驼峰

随着工业发展,出现了新的调速工具——减速器。1924 年美国在奇帕松编组站采用减速器代替手闸作为调速工具。1925 年德国在格姆堡编组站建立了第一座机械化驼峰,驼峰进入了现代化驼峰发展阶段。之后 20 多年内,世界先后建成的机械化驼峰有 150 个左右。

机械化驼峰平纵断面设计相对有所完善,溜放进路由道岔集中控制,实现预排进路。设 2 条推送线和 1 ~ 2 条溜放线。在溜放部分采用减速器进行车辆溜放的间隔调速,在调车场内使用铁鞋或手闸进行车辆目的制动。同非机械化驼峰相比,机械化驼峰加速了车辆的过岔速度,大大提高了解体效率。不过其减速器制动力大小由人工判断,存在误差;另外,减速器和铁鞋能力的不匹配造成了头部解体能力和尾部编组能力不协调的情况,编组制约了解体,且安全连挂率低。

(4)半自动化驼峰

20 世纪 50 年代,由于计算机的发展,使得驼峰自动化成为可能。1948 年美国在帕蒂北编组站建成了第一座由计算机控制的减速器,对溜放车辆进行调速的半自动化驼峰。

半自动化驼峰在机械化驼峰基础上,增加控制设备,包括半自动控制机、测量设备(测速雷达、测长器、测重器)、半自动控制台以及轨道电路。其中利用半自动控制机对减速器进行自动控制。不过减速器的出口速度由人工选定,不可避免存在误差,降低了安全性。

(5)动化驼峰阶段

1952 年美国在凯尔克编组站建成由模拟电子计算机控制钩车溜放速度的自动化驼峰,1956 年在奇脱编组站建成由完全脱离人工操作的数字电子计算机控制钩车溜放速度的自动化驼峰,从此,世界进入了自动化驼峰发展阶段。在此期间,相继出现了其他先进的调速设备,如减速顶、加速顶等,形成了不同的驼峰调速系统。

自动化驼峰设有控制设备,根据测量设备提供的数据,采用数学模型和控制程序进行计算处理,自动确定减速器的出口速度,对溜放车辆发出控制命令,因此,同半自动化驼峰相比,其精确度、解体效率和安全性均较高。

第二节　驼峰的主要设备

一、调速工具

一个固定的驼峰高度和溜放部分纵断面不能适应溜放走行性能千差万别的车辆,和千差万别的停溜车距离,因此,必须要在一定的地点设置调速工具,根据需要对车辆的溜行速度进行控制和调整,保证道岔的安全转换和与停留车的安全连挂,使之符合运营的要求。

常用的调速工具有减速设备、加速设备和加减速设备。减速设备主要消耗溜放车辆多余动能使其减速到规定速度范围内，如铁鞋(Brake Shoe)、减速器(Retarder)、减速顶(Retarder Unit)等。加速设备为溜放车辆提供能量使其加速，防止车辆途停，如加速小车、加速顶(Accelerator Unit)等。加减速设备兼有减速设备和加速设备的功能，如加减速顶等。

◀ 1. 铁鞋

小能力驼峰调车场可采用铁鞋作为目的制动的调速工具。

铁鞋制动的原理是使溜放车辆的车轮压上铁鞋，迫使铁鞋在钢轨上产生滑行，从而产生制动力使车辆减速或停车。铁鞋对车辆的制动是借助车辆重量垂直方向的重力，故制动力的大小与车辆的轴重成正比，无论是空车还是重车，其单位制动力均一样。用一只铁鞋对一辆四轴车的一个轮轴施行制动时，不论其总重和轴重是多少，其单位制动力为42.5N/kN，即相当于一个42.5‰的上坡道的坡道阻力。

◀ 2. 车辆减速器

车辆减速器是机械化、半自动化和自动化驼峰的主要调速设备。车辆减速器按照制动原理基本可以分为钳夹式和非钳夹式两大类，具体如图1-2所示。目前我国使用的车辆减速器都是钳夹式的，主要以钳子钳夹车轮产生制动。其具有能量省、投资少、动作快、易于制造、易于控制等优点，不过由于制动力受车轮表面状态以及直径影响较大，其产生的制动力有波动。

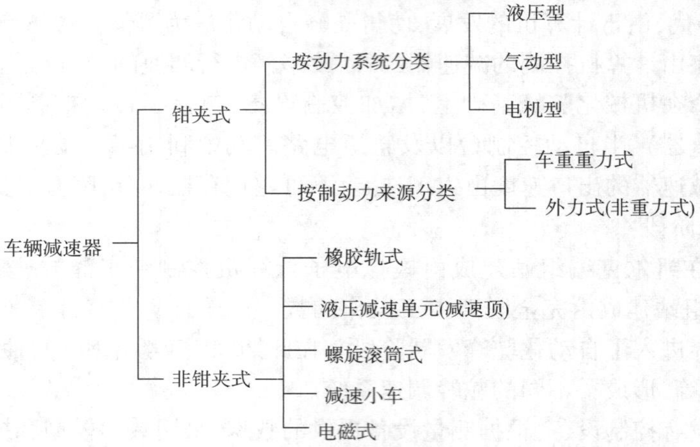

图1-2 车辆减速器分类

气动型减速器的动力为压缩空气，它具有不易污染环境、受环境温度影响小等优点，但体积庞大、笨重。气动型减速器主要有车重重力式和非重力式两大类。液压型减速器的动力是液压油，它具有结构紧凑、体积小、动作快、精度高等优点，但存在维修技术要求高、污染环境等缺点。液压式减速器广泛采用的是液压重力式。

重力式减速器能按车辆重量自动调整制动力，制动力的大小与车辆的重量成正比；非重力式减速器则完全靠外力调整制动力，其制动力的大小与车辆重量无关，不能随车辆的重量自行调节。

目前，我国车辆减速器已经初步形成系列，如液压重力式减速器系列：T·JY3型、T·JY2型、T·JY2-A型；气动重力式减速器系列：T·JK3型、T·JK2型、T·JK2-A型。这两者除了制动缸、控制阀不同外，其余如结构、原理、主要零部件等均相同。

(1)T·JK 型车辆减速器

我国20世纪70年代研制的T·JK型车辆减速器为钳夹式气动非重力式减速器,利用压缩空气为动力,通过气缸以及上下部制动杆的杠杆传递来驱动内外钳,由钳口两侧的制动夹板对车轮挤压而产生制动。制动力的大小可以根据车重和速度,由不同的气压制动等级进行调节,即制动力的大小仅与外力(气压等级、缸径、杠杆比和摩擦系数)有关系,与车辆重量无关。它的构造以及工作原理如图1-3所示。

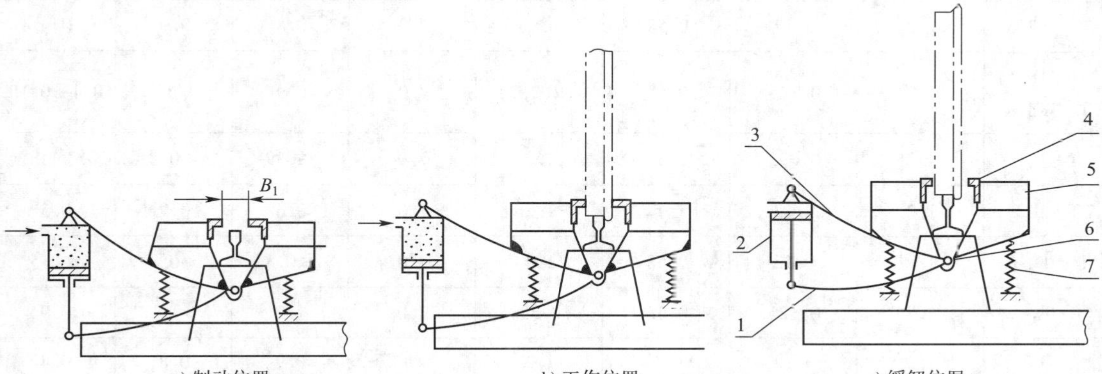

a) 制动位置　　b) 工作位置　　c) 缓解位置

图1-3　T·JK 型车辆减速器的工作原理

1-下部杆;2-制动缸;3-上部杆;4-制动夹板;5-制动梁;6-杠杆轴;7-弹簧

制动位置:制动电控阀打开之后,压缩空气通过供气管道进入制动气缸并推动活塞,带动上下部制动杆运动,使内外侧制动梁向内靠拢,使两侧制动夹板之间的开口距离 B_1 缩小至126mm,减速器处于制动状态。

工作位置:当溜放车辆进入制动状态下的减速器后,车轮轮箍宽度(标准车轮厚 135_0^{+5}mm)大于126mm,因此,车轮将把制动开口由126mm挤开到车轮的厚度,此时,制动夹板和车轮将产生摩擦力使车辆减速,减速器处于工作状态。

缓解位置:打开缓解电空阀,接通排气口,使制动缸中的压缩空气排空,上下部分制动杆分别依靠减速器的重量和定位弹簧张力回到缓解位置,此时制动夹板之间的开口距离大于等于180mm,大于车轮厚度,车辆可以自由通过减速器。

T·JK 型车辆减速器的制动等级有四级,四级不同风压等级通过压力调整器来控制。操作时,应根据车辆的不同重量选择相应的风压等级,操作不当则不能获得预期的制动效果。每台减速器可由不同节数组成,一般每台减速器为4~7节。根据制动力的要求,每一制动位可设置一台或两台减速器,用阿拉伯数字表示每台减速器的节数,一个制动位上有两台减速器时,用"+"号连接起来,如4+4或5+5,表示该制动位有两台减速器,每台4节或5节。每台减速器是按整体操纵的,各节同时动作。

T·JK 型车辆减速器的性能资料见表1-1。

(2)T·JY1 型车辆减速器

T·JY1 型车辆减速器是钳夹式液压重力式减速器,利用被制动车辆的重量,通过能浮动的基本轨及制动钳传递,使安装在制动钳上的制动轨对车轮两侧产生压力进行制动,制动力与被制动车辆的重量成正比。T·JY1 车辆减速器的结构如图1-4所示。

各类型车辆减速器的性能资料　　表 1-1

类型	每节减速器长度 $l_{制}$ (m)	每米制动能高 $h_{制}$ (m)	减速器喇叭口长度 l_R(m)	两台减速器之间的距离 $l_{间}$(m)	最大允许入口速度 (m/s)	全制动时间 (s)	全缓解时间 (s)	缓解时间 (s)
T·JK	1.8	0.117	0.55	0.4	7.0	1.39	1.94	1.23
T·JK2-A	1.2	0.12	0.58	1.2	7.0	0.6	0.9	0.5
T·JY2-A	1.2	0.12	0.58	1.2	7.0	0.8	0.9	0.4
T·JK3 T·JK3-A	1.2	0.125	0.58	1.2(2.2)	7.0	0.9	1.15	0.4 ±0.15
T·JY1	1.2	0.093	0.35	1.2	7.0	≤0.9	≤0.8	0.3 ±0.1
T·JK2	1.2	0.12	0.5	1.2	7.0	0.6	0.9	0.5
T·JK1-C	1.2	0.12	0.58	1.4	7.0	≤0.8	≤0.9	≤0.5
T·JK-A	1.8	0.126	0.55	0.32	7.0	1.2		0.9
T·JY2	1.2	0.12	0.5	1.2	7.0	0.9	0.8	0.4
T·JY3-A	1.2	0.125	0.58	1.2	7.0	<0.9	1.15	<0.45
T·JD2	1.2	0.12			7.0	0.3		0.2

注：T·JK3 和 T·JK3-A 大于 14 节时，$l_{间}$ 取 2.2。

缓解位置：如图 1-4a) 所示。装载基本轨两侧的制动轨(N_1 和 N_2)之间的距离 B 大于车轮的厚度，车辆经过减速器时不产生制动。

制动位置：如图 1-4b) 所示。压力油自油缸入口(A_1)进入油缸时，油缸活塞将抽板 P 拉到制动位置，外制动钳臂 L_1 尾部的滚轮 G_1 沿着抽板的料面上升，外制动钳臂 L_1 绕轴 O 转动，，制动轨(N_1 和 N_2)之间的距离缩小，B_1 小于车轮厚度，减速器处于制动状态，准备对进入的车辆进行制动。

工作位置：如图 1-4c) 所示。车辆进入处于制动状态的减速器后，车轮将制动轨(N_1 和 N_2)的开口由 B_1 挤开到车轮的厚度 B_2。此时，外制动钳臂 L_1 以外钳滚轮 G_1 为支点，内制动钳臂 L_2 以内钳滚轮 G_2 为支点，向上抬升，钳臂 L_1 和 L_2 的连接轴 O 也同时抬升，迫使基本轨浮起，压在浮动基本轨上车轮 R 的重力，经过 L_1 和 L_2 的杠杆传递，使制动轨(N_1 和 N_2)对车轮 R 产生侧压力，从而对车辆进行制动，使车辆减速。

当压力油进入反向入口 A_2 时，迫使油缸活塞将抽板推回到缓解位置，从而解除减速器对车辆的制动，如图 1-4a) 所示。

T·JY1 型车辆减速器的性能资料见表 1-1。其余类型的减速器性能资料也在表 1-1 中列出。

由于钳形减速器对“三轮车”(大轮车、薄轮车和油轮车)的制动力小于设计值，为安全起见，在调车场线路头部减速器制动位后设置脱鞋道岔，配备铁鞋防护。

3. 减速顶

1) 减速顶的结构

减速顶于1958年由英国道蒂公司研制成功并投入使用,1969年道蒂公司进一步研制成功不需要外部能源的减速顶。至此,减速顶在世界范围内得到广泛应用,并取得了很好的效果。

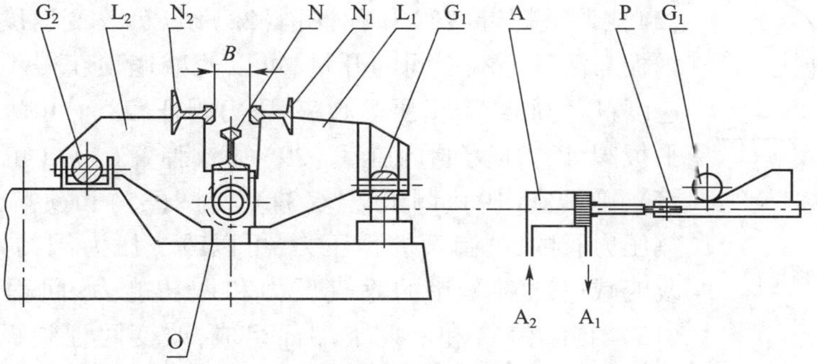

a) 减速器缓解位置

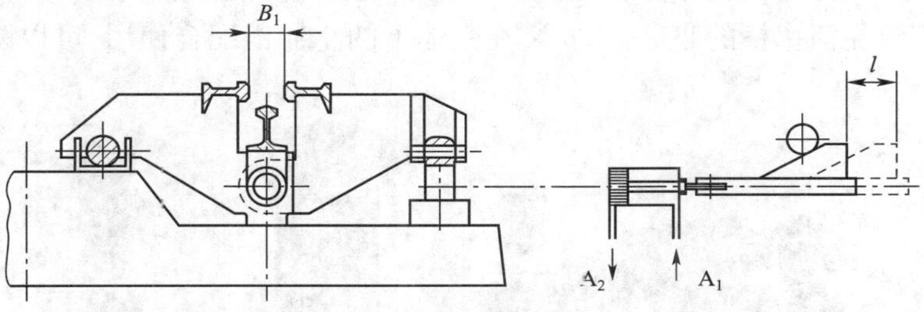

b) 减速器制动位置

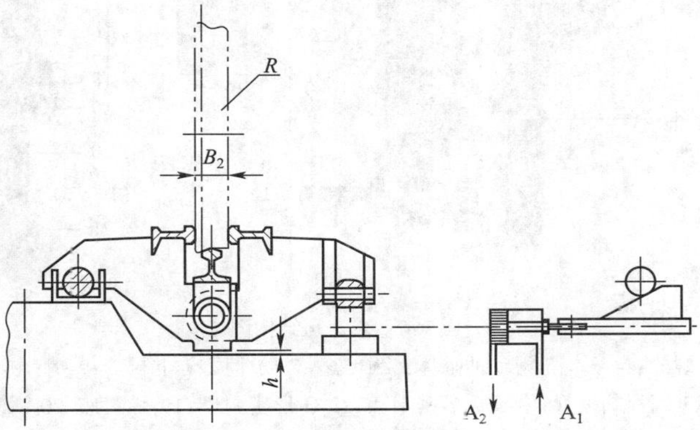

c) 减速器工作位置

图1-4 T·JY_1型车辆减速器的工作原理

N-浮动基本轨;N_1、N_2-制动轨;A-复位油缸;A_1、A_2-油缸正、反入口;P-抽板;L_1、L_2-外、内制动钳臂;G_1、G_2-外、内钳滚轮;O-制动轴

减速顶由滑动油缸组合件与壳体组合件两大部分组成,如图1-5所示。

(1)滑动油缸组合件

滑动油缸组合件(图1-6),是减速顶的主要组成部分,由滑动油缸体、活塞组合件和密封组合件组成,其内密封着一定量的油液和氮气。

①滑动油缸体(5)是一个杯形体,在高压和高速连续撞击条件下工作。为提高耐磨性和强度,缸体的顶帽与内、外表面都经硬化处理;同时为增加抗蚀性,缸体外表面镀有铬层。

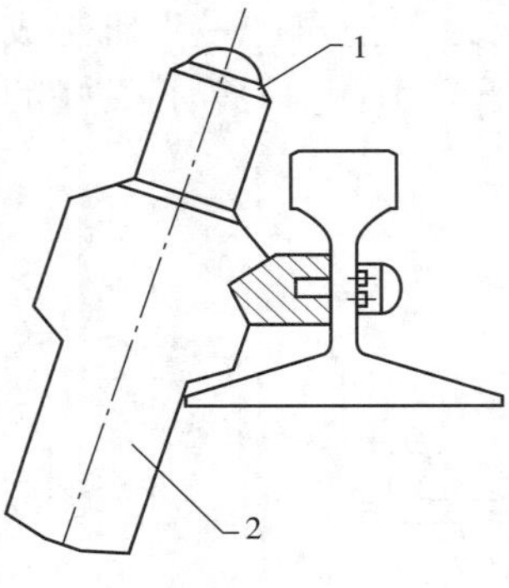

图 1-5 减速顶外形结构
1-滑动油缸组合件;2-壳体组合件

②活塞组合件是减速顶的心脏,对车辆做功性能起决定性作用。它由活塞(20)、速度阀、压力阀组合、回程阀和止冲装置五部分组成。速度阀由速度阀板(25)、速度阀弹簧(26)、压力阀座(24)、调整螺母(23)和弹性销(22)组成,改变速度阀弹簧或速度阀板与活塞上端之间的开量,可以使减速顶获得不同档次的临界速度;压力阀组合由压力阀座、压力阀杆(28)(可以是球阀、锥阀或平板阀等)、压力阀内弹簧(29)和外弹簧(30)(也可以是 1 个弹簧)、弹簧座(19)、调压螺丝(34)、垫圈(35)和锁帽(36)等组成,调整压力阀内、外弹簧的预压力,可以改变压力阀的开启压力,从而改变减速顶对车轮的垂直反力和做功能力;回程阀由回程阀板(15)、挡圈(16)和活塞下端面组成,改变回程阀板的节流孔的大小或阀板直径可以改变减速顶的回程速度;止冲装置由止冲座(38)、销轴(37)、O 形密封圈(21)等组成,安装在活塞杆的底部,与安装在壳体上的止冲销配合使用,可以防止油缸组合件窜出壳体。

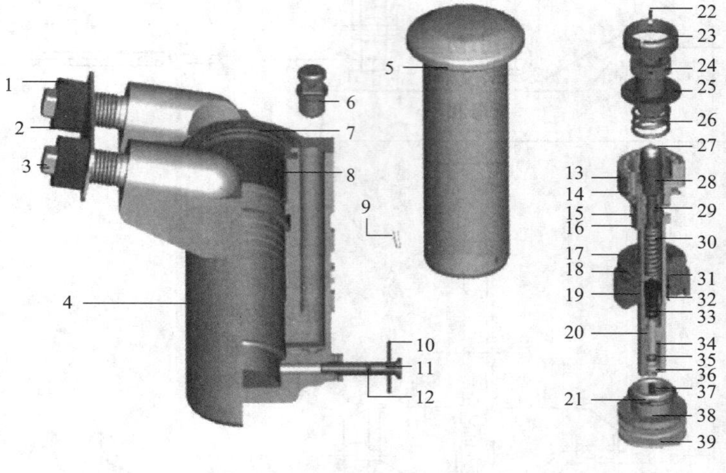

图 1-6 减速顶结构图

1-螺母;2-止动垫片;3-双头螺栓;4-壳体;5-滑动油缸体;6-排气管;7-防尘圈;8-上衬套;9-销;10-销;11-止冲销;12-O 形密封圈;13-支撑环;14-活塞环;15-回程阀板;16-挡圈;17-密封盖;18-O 形密封圈;19-弹簧座;20-活塞;21-O 形密封圈;22-弹性销;23-调整螺母;24-压力阀座;25-速度阀板;26-速度阀弹簧;27-压力阀钢球;28-压力阀杆;29-压力阀内弹簧;30-压力阀外弹簧;31-O 形密封圈;32-密封环;33-O 形密封圈;34-调压螺栓;35-垫圈;36-锁帽;37-销;38-止冲座;39-调整垫

③密封组合件(图 1-7)用来密封滑动油缸体内的油液和氮气。它由 O 形密封圈(1、2、6、8)、通孔螺堵(3)、充氮口弹簧(4)、钢球(5)、密封盖(7)和沉头螺钉(9)组成。

充氮时,拧下沉头螺钉,将充氮装置上的充气嘴压入密封盖充氮口,即可充入氮气。

(2)壳体组合件

壳体组合件是减速顶与钢轨连接的基座,对滑动油缸组合件起支撑和导向作用,如图 1-6 所示。

壳体(4)用双头螺栓(3)、六角螺母(1)与钢轨连接紧固,并用止动垫片(2)防止螺母松动。壳体内设有储油槽,装有防尘圈(7)和 O 形密封圈(12),以阻挡灰尘杂物入内和防止润滑油脂流失。壳体孔底部可装调整垫(39),厚度分别为1mm、2mm、3mm,增加或减少垫片,可以调整减速顶与轨面高度。在壳体外部设有排气孔,排气孔由标牌覆盖,用圆头螺钉和弹簧垫圈紧固,以防雨水及异物进入壳体内部。壳体的底部装有止冲销(11)。

2)减速顶的工作原理

减速顶是一个独立的封闭液压单元,不需要任何外部能源就能自动控制车辆的溜放速度。减速顶的临界速度,平时习惯称为档位值,是产品出厂前在结构上已调定的。

(1)车速低于临界速度时

当车辆溜放速度低于减速顶所调定的临界速度时,吸能帽因受力而慢速向下滑行,迫使吸能帽上腔的油液流经速度阀环形缝隙(3)而充满吸能帽的下腔。但由于它产生的压差很小,不足以克服支撑弹簧(2)的预压力,因此速度阀板(1)始终保持开启状态,使上下腔油路沟通,不能形成压力,所以减速顶对车辆不起减速作用。同时,吸能帽上腔的氮气,由于吸能帽的位移而被压缩,如图1-8所示。

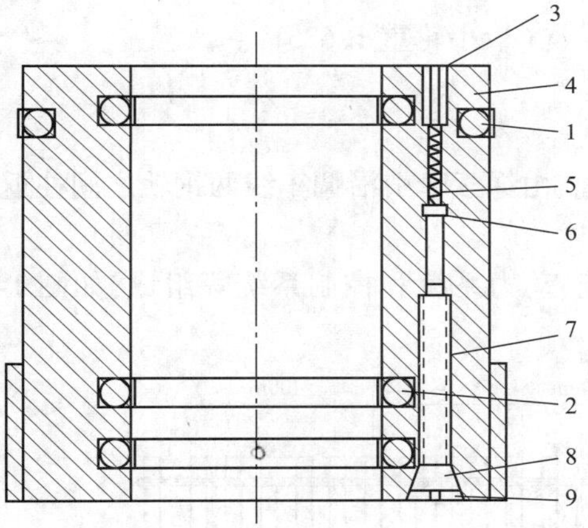

图1-7 密封组合件组装图

1、2、6、8-O形密封圈;3-通孔螺堵;4-充氮口弹簧;5-钢球;7-密封盖;9-沉头螺钉

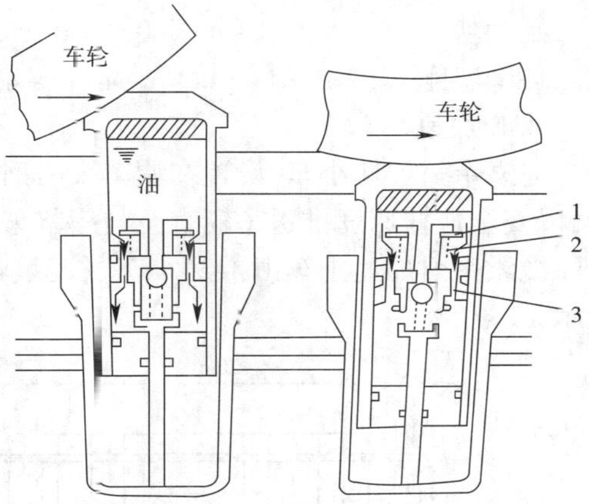

图1-8 T·DJ型减速顶(低于临界速度时)

1-速度阀板;2-弹簧;3-环状缝隙

(2)车速高于临界速度时

当车辆溜放速度高于减速顶所调定的临界速度时,吸能帽下滑速度很快,吸能帽上腔的油液流经速度阀环形缝隙(3),使速度阀板(1)上下形成较大压差,克服了支撑弹簧(2)的预压力,于是速度阀板立即关闭。速度阀板关闭后,吸能帽继续下滑,迫使吸能帽上腔的氮气压缩,压力急剧上升直到将安全阀(4)打开。由于油液以一定的压力通过安全阀而消耗功,因此减速顶便对车辆起制动作用,如图1-9所示。

(3)回程时

当车轮轮缘通过吸能帽的顶点之后,吸能帽上被压缩的氮气膨胀,而使吸能帽向上回升。此时,吸能帽下腔的油液通过回程阀孔(1)将回程阀板(2)推向活塞下端面,堵小孔(1),起到阻尼作用,使吸能帽以适当速度回升,如图1-10所示。

减速顶安装在内侧的为内侧顶,安装在外侧的为外侧顶。T·DJ型减速顶的主要技术参数如下:

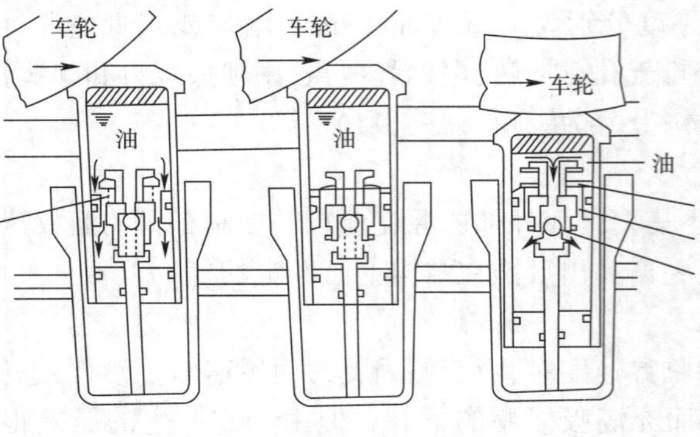

图 1-9　T · DJ 型减速顶(高于临界速度时)
1-速度阀板;2-弹簧;3-环状缝隙;4-安全阀

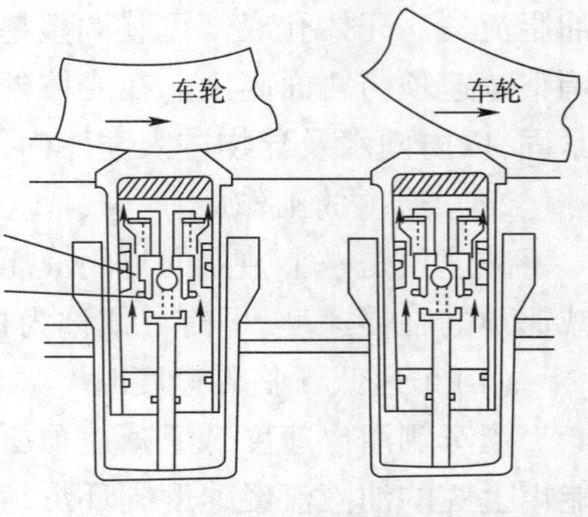

图 1-10　T · DJ 型减速顶(回程动作时)
1-回程阀孔;2-回程阀板

临界速度	0 ~ 5m/s。
最高限制速度	25km/h。
制动功	0.1 ~ 0.135t · m/轮次(最小轮重 1.625t)。
环境温度	−40 ~ +45℃。

4. 加速小车

绳索牵引加速小车,设置在调车线两钢轨的中间,由绳索牵引沿调车线两钢轨之间往返走行,以安全连挂速度推送车辆直至与停留车安全连挂。

绳索牵引加速小车由推送小车、绞盘、传动系统、动力系统和控制系统等组成,如图 1-11 所示。

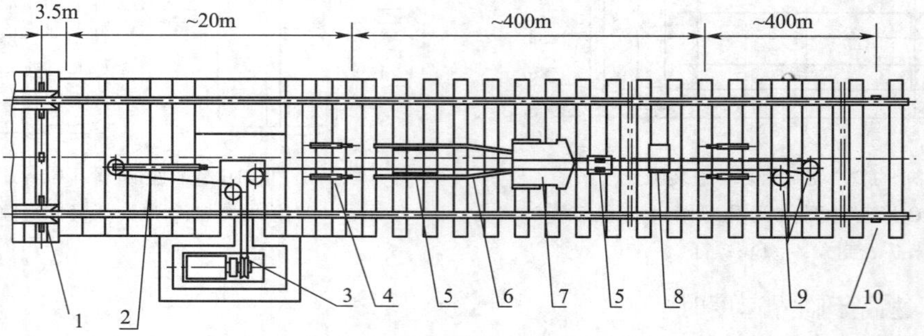

图 1-11　绳索牵引加速小车

1-减速器;2-绳索张紧机构;3-油马达绞盘传动装置;4-车止挡;5-限位开关;6-锁闭导轨;7-牵引小车;8-铜丝绳托轮;9-返回滑轮;10-踏板

绳索牵引加速小车以油马达作为原动力,通过绞盘、钢丝绳的传递,带动小车前进和返回。在小车向推送方向走行时,利用小车两侧推送臂的滚轮推动车辆轮缘,使车辆前进,达到加速车辆的目的,这样可用来消除可能形成的“天窗”,在小车返回时,可使推送臂落下并锁闭,避免回程中与车轮轮缘相撞。

二、驼峰信号设备

驼峰信号的作用是指挥调车场调车机车进行预推、推送、去禁溜线取送车或机车下峰整理等。驼峰信号分为驼峰主体信号、线束调车信号和峰上调车信号。驼峰调车场头部信号机设备平面布置如图 1-12 所示。

◀ 1. 驼峰主体信号机

驼峰主体信号机设在峰顶，指示机车推送车列进行解体作业。每条推送线设一架驼峰主体信号机，设于峰顶线路的最高处，以保证有足够的显示距离。如图 1-12 中 T_1、T_2。

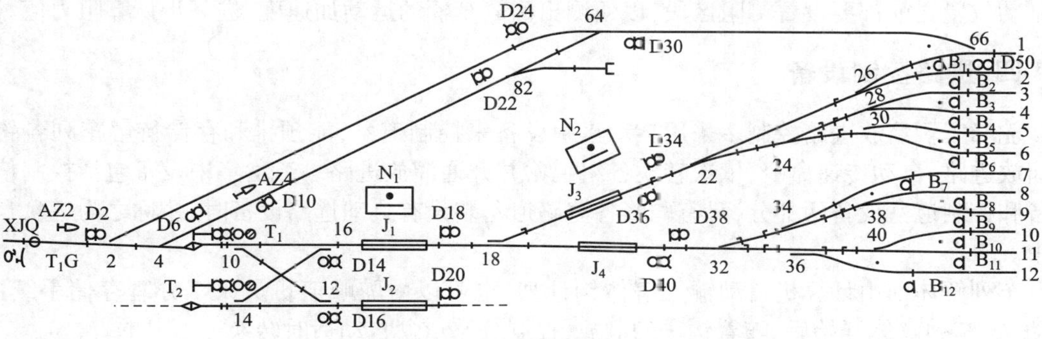

图 1-12　驼峰调车场头部信号机设备平面布置图

◀ 2. 线束调车信号机

线束调车信号机指挥驼峰机车在峰下调车线之间进行转线调车。每个线束头部均设有线束调车信号机，如图 1-12 中 D_{18}、D_{20}、D_{34}、D_{36}、D_{38}、D_{40}。由于一个线束设置一架上峰方向的线束调车信号机（如 D_{36}是 1 线束的上峰方向调车信号机），往往难以区分指示哪一台机车上峰进行作业，所以，在调车线上还可设置线路表示器，跟随该线束上峰方向信号机的显示而动作，平时处于灭灯状态，如图 1-12 中 B_1、B_2、…、B_{12}。当该线束上峰调车信号机开放时，由道岔确定开放某一线路的线路表示器，为白色灯光。

◀ 3. 峰上调车信号机

峰上调车信号机指挥驼峰机车在峰上作业，如经迂回线向调车场转送禁溜车辆等调车作业，如图 1-12 中 D_2、D_6、D_{50}。

驼峰主体信号机为八显示的色灯信号机。所有信号由驼峰值班员集中控制。

三、测量设备

为了实现对驼峰溜放车辆进行精确控制，安置测量设备以提供车辆动态随机的状态数据。测量设备包括测速设备、测重设备、测长设备和测阻设备。

◀ 1. 测速设备

测速设备一般安置于减速器区段的线路旁边，可以提供车辆溜放的瞬时速度，以便实现调速控制系统对其速度的控制。目前主要采用测速雷达设备。

◀ 2. 测长设备

测长设备主要用于测量调车线的空闲长度，掌握溜放车组的溜放距离，为减速器出口速度的确定提供数据，是控制系统计算减速器出口速度的重要参数之一。同时，根据调车线的空闲长度可以确定该线尚能容纳的车辆数，供编制调车计划使用。我国主要采用 TDC-103A 型音频动态测长器。

◀ 3. 测重设备

测重设备可以提供车辆轮重、辆重、钩车组总重及平均重量等级等数据。控制系统可依此确定非重力式减速器的制动等级等,也可以根据车重粗略地确定车辆的走行阻力。我国多采用T·Z·Y型塞孔式压磁测重器。

4. 测阻设备

准确测量阻力和依此处理溜放车辆的阻力是影响调速系统效果的关键因素。一般在减速器制动位置之前都要设置测阻区段,以便测出溜放车辆的运动加速度,进一步计算阻力值。

四、进路控制设备

驼峰车辆溜放进路控制多采用自动集中设备来控制道岔,能预排和存储待解车列各钩车的溜放进路,自动传递命令,依次转换各组道岔并开通溜放进路。道岔集中设备包括控制信号设备和控制道岔设备两部分,只有驼峰各分路道岔装设有自动选路设备时,才称之为道岔自动集中。

车列解体前由计算机自动输入解体钩计划,也可以由驼峰值班员人工办理存储手续(半自动)。车列解体开始后,随着钩车的溜放,控制分路道岔自动适时转换。

五、其他驼峰设备

驼峰设备还包括照明、通信、广播设备以及技术办公房屋等。另外,驼峰现代化设备还包括以下主要内容:

①车辆溜放速度的自动控制。

②车辆溜放进路的自动选排和控制。

③驼峰机车推送速度的自动控制。

④摘解风管和提钩作业的自动化。

⑤自动抄录车号及核对现车。

⑥调车信息处理自动化。

溜放速度的自动控制是驼峰现代化的一个核心问题。

第三节　驼峰调速系统

一、驼峰自动调速的功能

调速按其功能分为间隔调速、目的调速和调速制动。

1. 间隔调速

间隔调速(Spacing Braking)的作用是调控前后溜放钩车在道岔和减速器上保持必要的间隔,使得驼峰溜放部分的道岔和减速器安全转换。

2. 目的调速

目的调速(Target Braking)的作用是保证钩车在调车场内以某一速度溜行一定距离后能以规定速度(相当于1.39m/s)与停留车安全连挂。

3. 调速制动

调速制动(Speed Control Braking)的作用是调整溜车的速度,使车辆溜入道岔和减速器时，不超过容许速度。

二、驼峰调速系统

驼峰调速系统，按其调速工具的类型和性能，以及它在纵断面上的分布和作用范围可分为点式、点连式、连续式三种。

◀ 1. 点式调速系统

点式调速系统（Point Type Speed Control System）的结构是，在钩车溜放的整个经路上设置数级以减速器为调速工具的制动位，每一减速器制动位都能控制一定的钩车溜行距离。由测试设备在钩车溜放过程中随时测出影响减速器出口速度（Release Speed at Retarder）的各个参数（如钩车重量等级、车辆溜放阻力、停留车位置和车辆实际溜行速度），再由计算装置根据这些参数按一定的数学模型算出钩车在减速器上应有的出口速度，并自动地控制减速器的动作。当钩车实际速度 $v_{实}$ 大于计算的容许出口速度 $v_{出}$（Calculated Speed）时，减速器自动地对钩车实施制动；当 $v_{实} \leq v_{出}$ 时，减速器自行缓解。各种制动位减速器通过控制放出钩车的速度就保证钩车间的间隔，并溜行预定距离与停留车安全连挂。这就是点式调速系统。点式控制方式又称为目标打靶式。

点式调速系统的平纵断面和速度控制模型如图 1-13 所示。点式调速系统根据减速器制动位的分布有二级式（不设车场制动位）、三级式（增设一级车场制动位）和四级式（增设二级车场制动位）等方式。

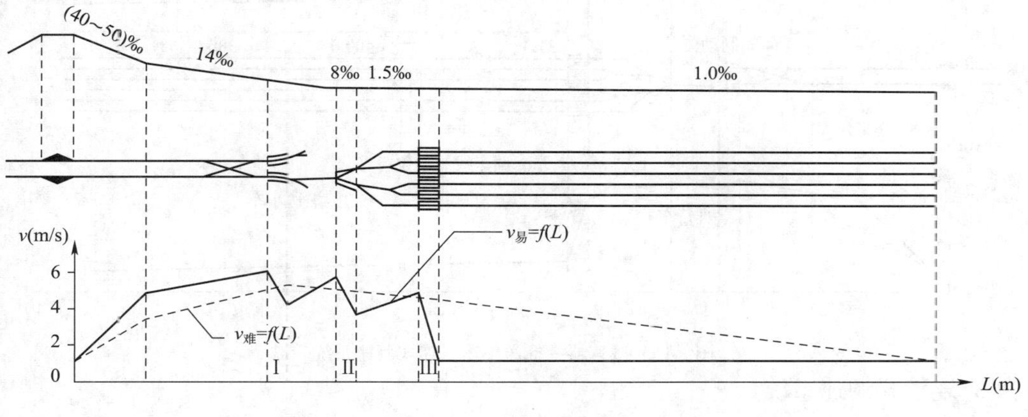

图 1-13　点式调速系统

点式调速系统设置的测控设备有测重设备、测阻设备、测长设备和测速雷达等。

◀ 2. 点连式调速系统

点连式调速系统（Point-continued Speed Control System）一般在驼峰头部道岔区装设一或两个部位减速器制动位完成间隔调速任务，在调车场内线路上装设减速器（第Ⅲ制动位或车场制动位），连续装设减速顶、加速顶和推送小车等调速工具，完成目的调速钩钩连挂的任务。也有不设间隔调速制动位的点连式驼峰。

(1) 减速器和减速顶（或加减速顶）相结合的点连式调速系统

该调速系统在峰下调车场每一线路头部设置车场减速器制动位，打靶一段距离（100 ~ 200m）后在线路上连续设置减速顶（或加减速顶），调车场内的目的调速任务由车场减速器制动位和连续布置的减速顶共同完成。如图 1-14 所示。

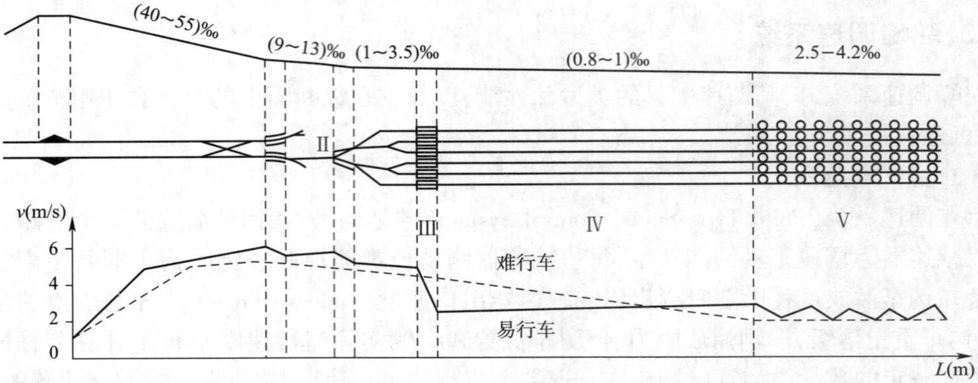

图 1-14　减速器—减速顶点连式调速系统

(2)减速器和推送小车相结合的点连式调速系统

该调速系统与减速器和减速顶相结合的调速系统的区别在于车场减速器制动位后 300 ~ 500m 范围内设置钢索推送小车,目的调速任务由车场减速器和推送小车共同完成。如图 1-15 所示。

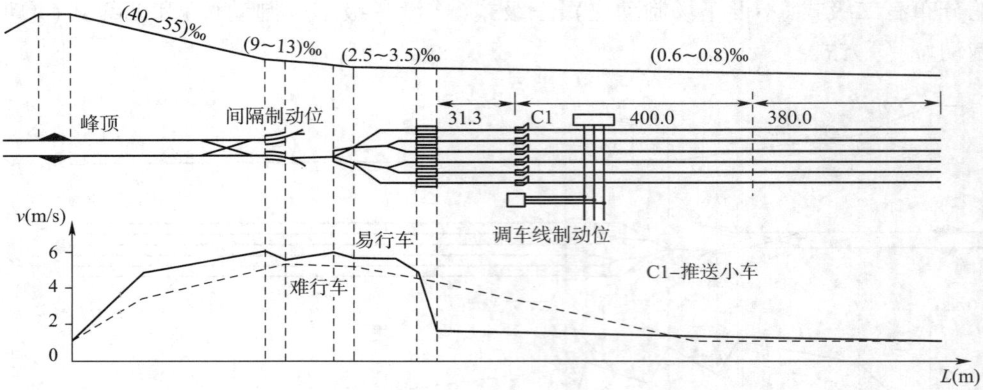

图 1-15　减速器—推送小车点连式调速系统

3. 连续式调速系统

全顶式调速系统是连续式调速系统(Continued Speed Control System)的一种。在驼峰全顶式调速系统中溜放钩车的间隔调速和目的调速任务,完全由连续布置在驼峰咽喉区和调车场线路内的减速顶来完成。

图 1-16 为全顶式驼峰调速系统的平纵断面和速度控制模式。全顶式调速系统的速度控制模式应能使钩车到达第一分路道岔时加速到保证其安全转换的速度 $v_{岔}$,并以此速度通过整个道岔区并进入车场。线路头部密集布顶的顶群区将钩车速度降至安全连挂速度,以此速度在线路有效长度范围内的连挂区等速溜行,直至与停留车安全连挂为止。由于各种钩车在道岔区速度基本相同,走行时差 Δt 趋近于 0,前后钩车间安全转换道岔的必要间隔自然得到保证;又由于各种钩车在调车线上以连续速度等速运行,任何地点都能安全连挂。调车场尾部设计成反坡,以使溜行钩车停在调车场内,并防止溜逸。

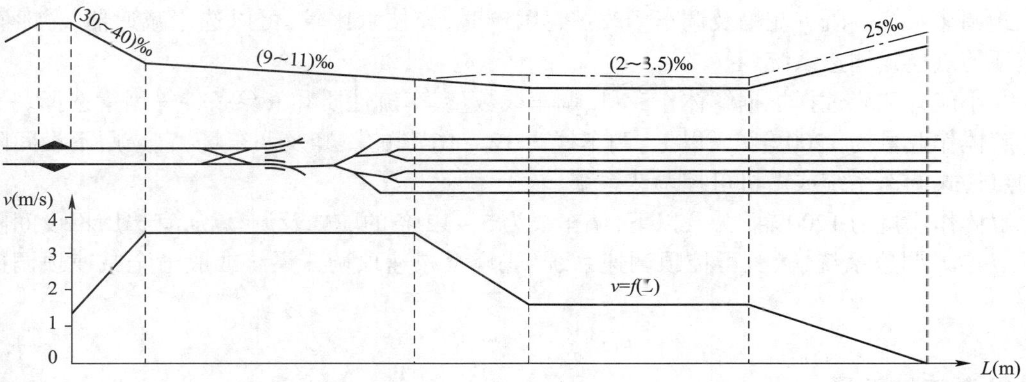

图 1-16　全顶式调速系统

4. 三种调速系统评估

(1)调速系统的特点

点式调速系统采用减速器制动，其优点是单位制动能力大，控制灵活，能适应复杂的钩车组合条件，推峰速度大，钩车通过分路道岔和减速器制动位的速度比较大。缺点是采用钳夹式减速器进行调速，对于一些新型钢板车、油轮、大轮、薄轮等货车，其制动力有所衰减，影响制动效果和作业的安全，需要采取人工防护措施。另外，需要设置相应的测量设备，进而有可能增加设备所带来的误差。

连续式调速系统采用减速顶进行调速，优点在于速度控制为群控制方式，单个或几个减速顶的故障对整体系统的速度控制影响很小，调速系统稳定可靠性高。另外，安全连挂率(Ratio of Safety Coupling)高，减少驼峰机车下峰整场时间。系统结构单一，安装简单，工期短，便于维修，运营干扰小。连续式调速系统的关键部位顶群区存在的问题是，易行车超速连挂(Over-speed Coupling)，难行车达不到规定的连挂速度，造成“天窗(Skylight)”，甚至途停(Stop on the Way)。大组车的制动不能“让头拦尾”，推峰速度较小，以及会产生调机轮缘磨耗等，由此带来解体速度较小，能力较小，适应的解体车流性质单一等问题。

点连式调速系统的优点为发挥了点式和连续式两种调速系统的优点，既有减速器的机动灵活，同时又具备减速顶安全连挂率高的优点，适应复杂的钩车组合条件。

(2)我国铁路调速系统的选择

我国编组站调速系统基本分为三种类型：以丰台西站、南翔编组站为代表的点式调速系统；以艮山门站为代表的连续式调速系统；以郑州北编组站为代表的点连式调速系统。

调速系统的种类选择应根据所在驼峰类型、所在地区的气象条件、运营费用、调车场线路有效长度以及车流性质等因素综合考虑。我国铁路车辆具有安全连挂速度小(5km/h 以下)，车辆溜放阻力离散度大，允许连挂速度小，要求溜行的距离远以及驼峰作业量大等运营特点。具体可以按以下原则选择：

①大能力驼峰应优先选择设有两级间隔制动和一级车场制动位的减速器与减速顶组合的点连式调速系统。既有驼峰及调车场改扩建困难时，经技术比较，可以选用减速器 + 加速小车的点连式调速系统。

②中能力驼峰宜选用设两级或一级间隔制动和一级车场制动位的减速器与减速顶组合的

点连式调速系统。既有驼峰及调车场改扩建困难时，经技术比较，可以选用减速器 + 加速顶、减速顶的点连式调速系统。

③小能力驼峰选择根据解体作业量、调车线数量、车流性质和气象条件等因素选择。

解体作业量为 1200 辆/天以上，调车线为 12 ~ 16 条的驼峰及调车场，宜选用不设间隔制动的点连式调速系统或微机可控调速系统。

解体作业量为 1200 辆/天及以下，调车线为 5 ~ 12 条的驼峰及调车场，宜选用不设间隔制动的点连式调速系统、微机可控顶调速系统、驼峰全减速顶调速系统或股道全减速顶调速系统等。

思考与练习题

1-1　什么是驼峰调速系统的间隔调速、目的调速？

1-2　什么是点式、点连式和连续式调速系统？

1-3　常用的调速设备有哪些？简述其工作原理和特点。

1-4　在我国目前驼峰运营条件下，哪种自动化驼峰类型比较适宜？它有什么优点？

1-5　减速顶有哪几个阀？各有什么功能？

1-6　当 P_1 车最小轮重为 1540kg，减速顶滑动油缸内壁直径由 55mm 改变为 50mm 时，考虑充氮气的工作压力误差为 5%，其减速顶压力阀的工作压力调至 $70kg/cm^2$ 是否可行？为什么？

◁第二章　驼峰设计基础

第一节　基本概念

一、计算车辆类型

每日通过驼峰的车辆数以万计，车辆的走行性能千差万别，而车辆溜放阻力与车辆类型和总重有关，为了便于进行驼峰设计，从中确定有代表性的几种车辆，作为驼峰设计和计算的参照和标准。这几种有代表性的车辆称为驼峰计算车辆，根据溜放阻力的大小分别称为难行车、中行车和易行车。《铁路驼峰及调车场设计规范》(TB 10062—1999)规定如下：

难行车(Hard Rolling Car)为不满载关门窗的50t 棚车(P_{50})，基本阻力和风阻力之和最大的车辆，其总重为30t。

中行车(Middle Rolling Car)为满载的50t 敞车(C_{50})，基本阻力和风阻力之和较大的车辆，其总重为70t。

易行车(Easy Rolling Car)为满载的60t 敞车(C_{62A})，基本上为滚动轴承车辆，基本阻力和风阻力之和最小的车辆，其总重为80t。

难行车、中行车和易行车的主要尺寸如图2-1所示。

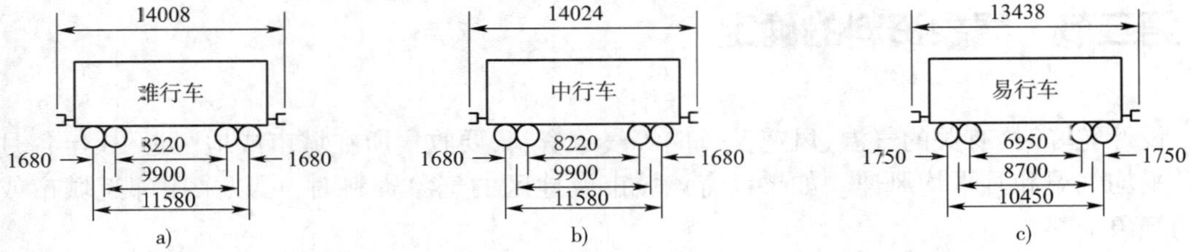

图2-1　计算车辆的主要尺寸图(单位：mm)

二、能高

在驼峰设计理论中，将单位重量的能量或阻力功换算为能高(Energy Head)。能高包括动能高、位能高和阻力高，其单位为 m。

◀ **1. 动能高**

动能高(h_v)指单位重量的动能，按下式计算

$$h_v = \frac{v^2}{2g'} \tag{2-1}$$

式中：v——溜放车辆的速度，m/s；

g'——考虑车辆转动惯量影响的重力加速度，m/s²。

$$g' = \frac{g}{1 + \frac{0.42n}{Q}} \tag{2-2}$$

式中：g——重力加速度，取9.8m/s²；

n——车辆轴数；

Q——车辆总重，t。

2. 位能高

位能高(H)指单位重量的势能，即溜放车辆所处位置与零势能点的高差。

3. 阻力高

阻力高(h_w)指单位重量的阻力功，用下式计算

$$h_w = wL \times 10^{-3} \tag{2-3}$$

式中：w——溜放车辆单位重量的阻力，N/kN；

L——车辆从峰顶起所溜行的距离，m。

例 2-1 一辆四轴货车装有百货，总重30t，峰顶推送速度为2m/s，试计算该辆车在峰顶时具有的动能高。

解：$n=4$，$Q=30$t，$v=2$m/s，则

$$g' = \frac{9.8}{1 + \frac{0.42 \times 4}{30}} = 9.28\text{m/s}^2$$

动能高为

$$h_v = \frac{v^2}{2g'} = \frac{2^2}{2 \times 9.28} = 0.22\text{m}$$

第二节 气象资料的确定

设计驼峰时，有关的气温、风速及风向等气象资料，要收集所在城市或地区近10年各月份的月平均气温和月平均风速。如果没有该城市或地区的气象资料时，可以采用邻近城市或地区的气象资料。

车辆溜放时，考虑溜车不利条件和溜车有利条件两种情况。根据大、中和小能力驼峰设计的要求选择气象条件。

一、溜车不利条件

溜车不利条件(Rolling Car at Unfavourable Condition)是指车辆的基本阻力与风阻力之和为最大的溜放条件，一般指冬季逆风状态。我国南方和北方地区气候相差较大。南方地区冬季、夏季温差较小，气温分布的离散性小，而北方地区冬季、夏季温差较大，气温分布的离散性大，计算中应分别考虑。

(1)南方地区

南方地区指的是10年平均各月的月平均气温均在0℃及其以上地区。

①计算气温按公式(2-4)计算。

$$t = \bar{t} - 1.96\delta_t \tag{2-4}$$

式中:t——计算气温,℃;

$\bar{t}$——根据10年各月份的月平均气温计算的10年年平均气温,℃;

δ_t——计算气温的均方差,m/s。

②计算风速按公式(2-5)计算。

$$v_f = \bar{v}_f + 1.96\delta_f \tag{2-5}$$

式中:v_f——计算风速,m/s;

$\bar{v}_f$——根据10年各月份的月平均风速计算的10年年平均风速,m/s;

δ_f——计算风速的均方差,m/s。

③计算风向为溜车正面逆风,风向与溜车方向的夹角为0°。

(2)北方地区

北方地区指10年平均各月的月平均气温中,有出现0℃以下月份的地区。

①计算气温按公式(2-6)计算。

$$t = \bar{t} - 1.5\delta_t \tag{2-6}$$

②计算风速按公式(2-7)计算。

$$v_f = \bar{v}_f + 1.5\delta_f \tag{2-7}$$

③计算风向为溜车正面逆风,风向与溜车方向的夹角为0°。

二、溜车有利条件

溜车有利条件(Rolling Car at Favourable Condition)是指车辆的基本阻力与风阻力之和为最小的溜放条件,一般指夏季无风状态。

计算气温采用27℃,图解检算时,风速按无风计算。计算夏季限制峰高、设计驼峰溜放部分纵断面及计算调速设备制动能力时,风阻力按零计算。

例2-2 已知某地区10年气象资料,见表2-1和表2-2,确定溜车不利的气象条件。

某地区10年各月平均气温(单位:℃) 表2-1

月 / 年	1	2	3	4	5	6	7	8	9	10	11	12	年平均气温
1992	4.8	7.2	9.9	17.7	20.8	23.3	24.8	24.9	21.6	15.6	11.3	7.9	15.8
1993	4.4	9.3	11.6	17.3	20.5	25.0	24.8	23.6	21.9	16.2	12.0	6.3	16.1
1994	4.9	7.9	10.2	17.7	23.2	23.3	26.1	27.0	20.3	16.2	14.0	8.6	16.6
1995	5.5	7.0	10.8	15.8	22.1	25.0	25.1	24.8	22.6	17.7	12.1	7.2	16.3
1996	4.4	6.1	10.1	14.6	19.9	25.2	26.0	26.2	21.6	17.0	11.8	6.6	15.8
1997	6.6	7.6	12.8	16.5	22.2	23.3	25.8	26.5	21.6	17.5	11.5	6.4	16.5
1998	5.3	8.4	11.0	20.7	21.6	24.4	26.3	24.9	22.9	18.5	14.5	8.1	17.2
1999	6.9	9.4	11.3	17.9	21.0	23.9	25.0	24.5	23.0	17.9	12.8	6.3	16.7
2000	5.4	7.1	12.4	16.9	23.5	24.1	26.5	24.6	21.7	17.6	10.7	7.4	16.6
2001	6.5	9.3	14.4	16.8	22.7	24.1	27.5	24.1	20.7	18.6	13.1	6.1	17.0

某地区10年各月平均风速(单位:m/s)　　表2-2

年＼月	1	2	3	4	5	6	7	8	9	10	11	12	年平均气温
1992	0.6	1.1	1.0	1.3	1.7	1.8	1.6	1.3	1.2	1.1	0.8	0.6	1.2
1993	0.8	1.0	1.4	1.2	1.7	1.7	1.3	1.2	1.0	1.1	0.9	0.8	1.2
1994	0.5	1.0	1.1	1.4	1.8	1.6	1.4	1.3	1.1	1.0	0.4	0.8	1.1
1995	0.9	0.8	1.2	1.4	2.0	1.8	1.4	1.3	1.4	1.2	1.0	0.9	1.3
1996	0.8	0.9	1.4	1.6	1.6	1.9	1.6	1.6	1.5	1.1	1.1	0.8	1.3
1997	1.0	1.1	1.3	1.7	1.9	1.5	1.4	1.4	1.7	1.2	0.9	0.6	1.3
1998	1.0	1.1	1.6	1.6	1.8	1.4	1.4	1.4	1.3	0.9	0.8	0.7	1.3
1999	0.8	1.3	1.4	1.5	1.6	1.6	1.5	1.3	1.4	1.1	1.0	0.7	1.3
2000	1.0	1.0	1.2	1.5	2.0	1.9	1.5	1.4	1.5	1.4	1.1	0.9	1.4
2001	1.2	1.2	1.8	1.7	1.8	1.3	1.7	1.5	1.4	1.2	1.0	0.9	1.4

解:(1)确定气温

根据表2-1可得各月月平均气温,见表2-3。

10年各月月平均气温(单位:℃)　　表2-3

月份	1	2	3	4	5	6
月平均气温	5.47	7.93	11.45	17.19	21.75	24.16
月份	7	8	9	10	11	12
月平均气温	25.79	25.11	21.79	17.28	12.38	7.09

由表2-3可知,该地区10年平均各月的月平均气温均在0℃以上,因此,该地区为南方地区。

取表2-3中12个数作为样本,求出$\bar{t}=16.45$℃,$\delta_t=6.321$℃。代入式(2-4)得

$$\begin{aligned} t &= \bar{t}-1.96\delta_t \\ &= 16.45-1.96\times 6.321 \\ &= 4.06℃ \end{aligned}$$

(2)确定风速

根据表2-2可得各月月平均风速,见表2-4。

10年各月月平均风速(单位:m/s)　　表2-4

月份	1	2	3	4	5	6
月平均风速	0.86	1.05	1.34	1.49	1.79	1.65
月份	7	8	9	10	11	12
月平均风速	1.48	1.37	1.35	1.13	0.90	0.77

取表2-4中12个数作为样本,求出$\bar{v}_f=1.265$m/s,$\delta_f=0.269$m/s,代入式(2-5)得

$$\begin{aligned} v_f &= \bar{v}_f+1.96\delta_f \\ &= 1.265+1.96\times 0.269 \\ &= 1.79\text{m/s} \end{aligned}$$

(3)确定风向

采用正面逆风,$\beta=0°$。

综合以上分析可知,该地区为南方地区,其溜车不利条件为:气温 $t=4.06℃$,风速 $v_f=1.79m/s$,风向为正面逆风,$\beta=0°$。

第三节　溜放车辆的运动方程

车辆自驼峰峰顶至调车场的溜放过程中,受到下列三种力的作用:

①重力。

②溜放阻力。

③推力和制动力。

前两种力存在于车辆溜放的全过程,后一种力存在于布设加速设备或减速设备的地段。车辆在沿具有坡度的驼峰线路上溜放时,其受力情况(不考虑加减速设备)如图 2-2 所示。

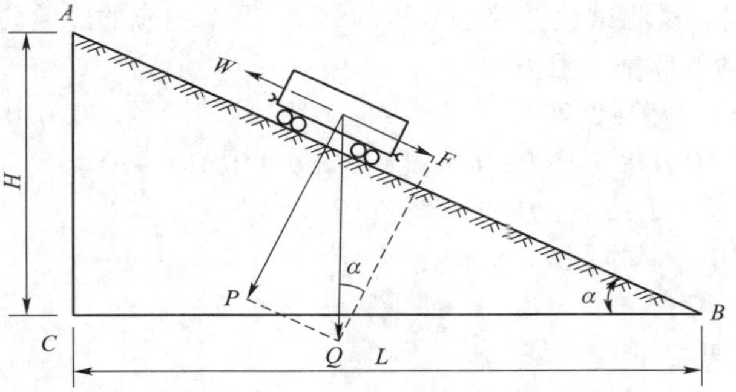

图 2-2　车辆在坡道上溜放的受力分析

由于倾斜的角度很小,即使在坡度为 50‰的情况下,α 也不过 2°52′,因此倾斜的长度近似等于水平投影的长度。$\sin\alpha \approx \tan\alpha = i \times 10^{-3}$。

重力沿坡面的分力为

$$F = Q\sin\alpha \approx Q\tan\alpha = Q \cdot i \times 10^{-3} \tag{2-8}$$

式中:Q——车辆总重,t;

i——坡面的坡度,‰。

设车辆溜放时的单位阻力为 w,单位以 N/kN 计,或以‰表示(1N/KN = 1‰),则总阻力为

$$W = Q \cdot w \times 10^{-3} \tag{2-9}$$

因此,合力为

$$F - W = Q(i - w) \times 10^{-3} \tag{2-10}$$

由动力学原理,得出溜放车辆的运动方程为

$$\frac{dv}{dt} = g'(i - w) \times 10^{-3} \tag{2-11}$$

由上述运动方程可知:

当 $i > w$ 时,溜放车辆加速运行;

当 $i<w$ 时，溜放车辆减速运行；

当 $i=w$ 时，溜放车辆匀速运行。

微分方程式(2-11)适合于用计算机进行数值计算，来模拟和设计驼峰的纵断面。

第四节 阻力计算

一、基本阻力

溜放车辆的基本阻力(Basic Resistance)是指在平直道上溜行时，除风和空气阻力以外所受的阻力。产生的主要原因有：车轮轴颈与轴瓦间的滑动摩擦或滚动轴承的滚动摩擦；车轮踏面与轨面间的滚动摩擦；车轮与轨面间的滑动摩擦；车辆溜行中的冲击、振动和摇摆。

基本阻力随车辆状态(车型、车重、轴承和走行状况等)、溜经的线路状况(轨道和路基质量)、车辆溜行环境(气象条件)，以及瞬时速度的不同而变化，情况复杂。所以基本阻力一般都通过试验测定，根据大量测试数据综合分析的结果，得出相应的经验公式。

(1)滑动轴承车辆单位基本阻力计算

$$w_{基}=1.539+2.203\left[e^{-0.0169t}-e^{-0.0169(10.2+0.24Q)}\right]-0.0107Q+(0.428-0.0037Q)v_{车}\pm1.28\sigma+0.4(1-c) \qquad (2\text{-}12)$$

式中：Q——计算车辆总重，t；

$w_{基}$——溜放车辆单位基本阻力，N/kN；

t——环境温度，℃；

$v_{车}$——车辆溜放速度，m/s；

c——计算参数，在驼峰溜放部分，$c=0$；在峰下调车场内，$c=1$；

σ——车辆基本阻力离散度的均方差，难行车取“+”，中行车取“0”，易行车取“-”。σ 的值见表2-5。

车辆基本阻力离散度均方差 σ(单位：N/kN) 表2-5

夏季温度27℃	冬季温度(℃)							
	10	5	0	-5	-10	-15	-20	-25
重车0.27 空车0.45	0.42	0.46	0.5	0.5	0.6	0.76	0.86	0.96

(2)滚动轴承车辆单位基本阻力计算

按以下步骤进行计算：

①根据气温计算回归单位基本阻力中值。

$$w^{t}_{中}=2.401-0.01543t+0.00017t^{2} \qquad (2\text{-}13)$$

式中：$w^{t}_{中}$——回归单位基本阻力中值，N/kN；

t——计算温度，℃。

②计算不同重量等级的单位基本阻力补偿数值。

$$w_{\Delta}=0.015Q-0.00008Qt-0.32+0.002t \qquad (2\text{-}14)$$

式中：w_{Δ}——计算单位基本阻力中值补偿，N/kN；

Q——计算车辆总重，t。

③计算速度的单位基本阻力补偿数值。

$$w_{v}=0.1(v_{车}-2.82) \tag{2-15}$$

式中：w_{v}——计算单位基本阻力速度补偿，N/kN；

$v_{车}$——计算车辆速度，m/s，见表 2-6。

④计算滚动轴承车辆单位基本阻力中值。

$$w_{中}=w_{中}^{t}-w_{\Delta}+w_{v} \tag{2-16}$$

式中：$w_{中}$——计算车辆单位基本阻力中值，N/kN。

⑤根据温度计算单位基本阻力标准差回归值。

$$\sigma_{中}=0.539-0.0016t+0.00002t^{2} \tag{2-17}$$

式中：$\sigma_{中}$——计算单位基本阻力标准差中值，N/kN。

⑥计算对应不同重量等级的标准差补偿值。

$$\sigma_{\Delta}=0.003Q+0.00002Qt-0.0004t-0.063 \tag{2-18}$$

式中：σ_{Δ}——计算单位基本阻力标准差补偿值，N/kN。

⑦计算基本阻力标准差。

$$\sigma=\sigma_{中}-\sigma_{\Delta} \tag{2-19}$$

式中：σ——计算单位基本阻力标准差，N/kN。

⑧计算难行车、易行车单位基本阻力。

$$w_{基}^{难}=w_{中}^{难}+1.65\sigma_{难} \tag{2-20}$$

$$w_{基}^{易}=w_{中}^{易}-1.65\sigma_{易} \tag{2-21}$$

式中：$w_{中}^{难}$——计算难行车单位基本阻力中值，N/kN；

$w_{中}^{易}$——计算易行车单位基本阻力中值，N/kN；

$\sigma_{难}$——计算难行车单位基本阻力标准差，N/kN；

$\sigma_{易}$——计算易行车单位基本阻力标准差，N/kN。

溜放部分的基本阻力，在车场内基本阻力基础上再增加一个补偿值（0.39 N/kN）。

(3)滚动轴承车辆和滑动轴承车辆共用

在滚动轴承车辆和滑动轴承车辆共用的情况下，滚动轴承车辆的单位基本阻力按照公式(2-12)计算确定。车组的基本阻力较单个车要小，可按单个中型车的基本阻力计算。

二、风和空气阻力

车辆溜放时的风阻力（Resistance Due to Wind Effect）包括风和空气阻力。无风时，风阻力即为空气阻力。风阻力是车辆在溜放过程中车辆与周围空气的相对运动而产生的阻力或推力。

风阻力与车体形状、车辆溜放速度、风速风向以及空气阻力系数等因素有关。车辆的风阻力由三部分阻力组成，第一部分是车辆前端部迎面的正压力和尾部的负压力形成的压力差；第二部分是车辆表面与空气的摩擦；第三部分是车辆尾部产生的涡流。这三种阻力耦合在一起形成车辆的风阻力。

车辆溜放时所受的单位风阻力经验公式如下

$$W_{风}=0.063fC_{x1}\frac{(v_{车}+v_{风}\cos\beta)^2}{C_{x0}\cos^2\alpha\cdot Q} \tag{2-22}$$

式中：$W_{风}$——单位风阻力，N/kN；

Q——车辆总重，t；

C_{x1}/C_{x0}——风阻力系数，取1；

$v_{风}$——计算风速，m/s；

β——计算风向与计算溜车方向的夹角，因计算风向为溜车正面风，故$\beta=0°$；

α——风速和车速的合速与溜车方向的夹角，取0°。

f——车辆的正面受风面积，m^2，按表2-6取值。

受风面积 f 表2-6

车　型	受风面积 $f(m^2)$	车　型	受风面积 $f(m^2)$
关门窗 P_{50}	10.01	满载 C_{65}	8.0
满载 C_{50}	7.10		

三、曲线阻力

曲线阻力(Curve Resistance)为车辆通过曲线时的附加阻力。曲线阻力的大小与曲线半径、车辆轴距、车辆重量和溜放逗度等因素有关。驼峰头部曲线阻力包括道岔内的导曲线(道岔转角)阻力。驼峰头部溜放部分曲线阻力以每度转角消耗的能高为计量的单位。根据铁道科学研究院运输所试验测试结果，每度转角所消耗的能高为8mm，单位曲线阻力为$8/L_{曲}$(N/kN)。如果车辆经曲线转角$\sum\alpha$(角度)，则消耗的总能高为$8\sum\alpha$(mm)，单位曲线阻力$w_{曲}$(N/kN)由消耗的曲线总能高除以曲线长度求得，即

$$w_{曲}=\frac{8\sum\alpha}{\sum L_{曲}} \tag{2-23}$$

四、道岔阻力

道岔阻力(Switch Resistance)为车辆溜经道岔的尖轨和辙叉部分时发生的撞击振动所产生的阻力。道岔阻力与尖轨和辙叉的形状、角度以及车辆溜放速度等有关。

经试验测得车辆经由每一副逆向道岔所消耗的能高为24mm。当车辆经由n副道岔时，所消耗的总能高为$24n$(mm)。单位道岔阻力$w_{岔}$(N/kN)可由消耗的道岔总能高除以道岔长度求得，即

$$w_{岔}=\frac{24n}{\sum L_{岔}} \tag{2-24}$$

车辆通过一组顺向道岔或一组交叉渡线的菱形交叉按照0.5组逆向道岔计算，即所消耗的能高为12mm。经过每一组三开道岔或交分道岔按两组道岔计算，即所消耗的能高为48mm。

例2-3 *在某驼峰车辆溜放的一段线路内，有两个6号道岔和一段曲线，$\alpha=2°$，曲线长$K=6.981$m，该段线路总长度为$L=72.652$m，试计算该段线路上的道岔阻力与曲线阻力之和。*

解：(1)计算单位道岔阻力

$n=2, L=72.652\text{m}$，则

$$w_{岔}=\frac{24n}{L_{岔}}=\frac{24\times 2}{72.652}=0.66\text{N/kN}$$

(2)计算单位曲线阻力

$$\sum\alpha=2°+9°27'44''=11.462°$$

$$w_{曲}=\frac{8\sum\alpha}{L_{曲}}=\frac{8\times 11.462}{72.652}=1.26\text{N/kN}$$

(3)道岔阻力与曲线阻力之和

$$w_{曲}+w_{岔}=1.26+0.66=1.92\text{N/kN}$$

第五节　能高线图

车辆自峰顶向下溜放遵循能量守恒、能量转换定律。为了简化并便于分析驼峰溜放部分车辆的运动状态的变化，通常用能高线(Line of Energy Head)图来表示计算车辆由峰顶向下溜放运动的功、能转换关系。能高线可以定义如下：某种计算车辆(难行车、中行车、易行车)在一定的条件下(夏季和冬季)溜放的过程中，当将该车辆看作一个单位重量的质点(溜放车辆的重心可作为一个质点)时，描述它的能量随距离变化的关系曲线，称为能高线。如图2-3所示。

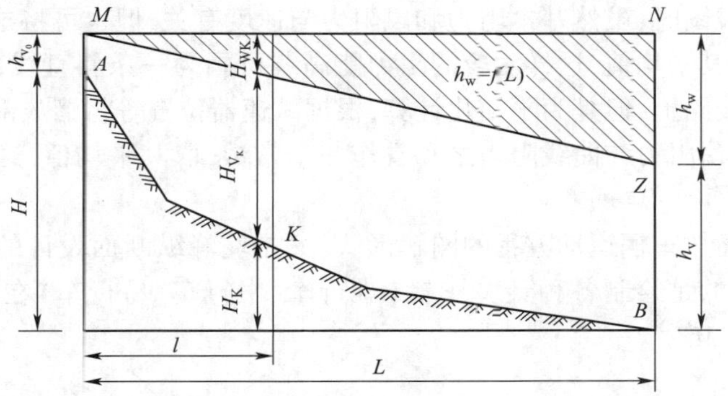

图2-3　能高线图

在图2-3中，A表示峰顶，B为零势能点，K为溜放部分任意一点，距离峰顶A为距离l。A与B的高差为H，K与B的高差为H_K。车辆在A点时的速度为推峰速度，用v_0表示，任一点K的速度为v_K。

假定车辆由A点溜行至B点的过程中没有能量损失，那么能高线是一条水平线(MN线)。在峰顶时的动能高为

$$h_{v_0}=\frac{v_0^2}{2g'} \tag{2-25}$$

但是在实际溜放过程中，车辆要受到各种阻力。克服阻力做功就要损失一定的能量，因此能高线是MZ线，而不是MN线。MZ线是车辆溜放的能高线或阻力能高线。MN线与MZ线

的差值表示阻力高。当车辆溜行至断面上任意点 K 时，K 点至能高线 MZ 的垂直高度为动能高。

$$h_{v_K}=\frac{v_K^2}{2g'} \tag{2-26}$$

H_K 为 K 点相对于 B 点所具有的位能高。在 K 点处，MN 线与 MZ 线的高度差即为阻力高。

$$h_{w_K}=wl\times10^{-3} \tag{2-27}$$

根据能量守恒的原理得

$$h_{v_0}+H=h_{v_K}+H_K+h_{w_K} \tag{2-28}$$

上述公式表示的计算车辆溜放中的功、能转换关系在能高线图 2-3 中清晰地反映出来。能高线图是一种比例尺图。横轴方向为一通过零位能点的水平线，表示溜行的距离；纵轴为一过峰顶的垂直线，表示能高；两条坐标轴的交点即为原点。在绘制能高线图时，距离的单位为 m，比例采用 1∶1000；能高的单位为 m，比例采用 1∶20。

能高线图的绘制方法如下：首先建立坐标系，画溜放线路平面展开图；然后由峰顶向上 $h_{推}$ 处画水平的能高线 MN；最后画阻力能高线 MZ。绘制阻力能高线 MZ 时，由 MN 线上与纵断面各点相对应的点，向下绘制垂直于 MN 的各阻力高（即能高损失）。连接各阻力高末端各点，形成一条线，这条线就是阻力能高线 $h_w=f(L)$。显然，由这条线上的任意一点 K 至 MN 线的垂直距离 h_{w_K} 即为车辆由峰顶到该点时的能高损失（阻力高），此时，由该点至纵断面上的相应点 K 的垂直距离即为 h_{v_K}，表示车辆溜到该点时剩余的动能高。因此，阻力能高线 MZ 也称为能高线。

绘制阻力能高线图时，虽然基本阻力和风阻力与速度有关，但也可将这两种单位阻力在溜放部分作为常数，取其平均值，这样对应的阻力能高线可画为一条斜直线，虽然道岔和曲线是离散地分布在溜放线路上，但是为了简化计算，根据减速器位置等将溜放部分划分为少数几个地段，将每一段内道岔阻力与曲线阻力之和看作一个常数，取其平均值，这样对应的阻力能高线可划为几段折线。

能高线图既是溜放车辆运动方程的图解形式，又是驼峰纵断面设计的一种工具。在进行设计时，工作量最大的是绘制各种计算车辆（难行车、中行车、易行车）在不同条件（夏季、冬季）下的阻力能高线 MZ。

思考与练习题

2-1　什么是难行车、中行车、易行车？如何确定难行车、中行车、易行车的车型和计算重量？

2-2　驼峰设计时溜车有利和不利条件是如何确定的？

2-3　什么是能高、速度高、阻力高和势能高？

2-4　某溜放的车辆总重为 700kN，在溜行速度为 4m/s 时具有的速度高是多少？

2-5　溜放车辆的运动状态与坡度和单位阻力之间关系怎样？

2-6　在一段长 377m 的溜放线路内，有 6 个 6 号双开对称道岔，曲线转角之和为 48.80°，试计算该段线路上均摊的道岔阻力和曲线阻力。

◁第三章 驼峰线路的平面设计

◀ 第一节 驼峰头部平面设计

一、驼峰头部咽喉设计要求

驼峰头部咽喉设计，应满足以下五点要求：

①峰顶至每一条调车线警冲标的距离在合理范围内宜短并互相接近。

②车辆由峰顶溜向每一条调车线经过的道岔和曲线转角度数（包括道岔转角）之和宜小并相互接近。

③车辆共同溜行的进路尽量短，使钩车尽早分路，避免尾追。

④设置减速器和操纵道岔需要的合理保护区段，尽量短但不应小于计算长度。

⑤满足设置驼峰信号楼、峰顶连接员室和减速器动力室等房屋的布置要求。

二、驼峰头部平面具体设计

◀ 1. 布置形式

应采用线束形布置，每个线束的调车线数量宜为 6 ~ 8 条；并应采用 6 号对称道岔和 7 号三开对称道岔。

采用线束形布置可缩短前、后两钩车的共同溜行进路，驼峰头部各线束所含调车线的多少，直接影响间隔制动位的投资，因此，大、中能力驼峰头部，每线束调车线以 6 ~ 8 条为宜。采用长度小而辙叉角大的 6 号双开道岔和 7 号三开道岔可缩短溜放部分线路的长度，有利于提高峰顶推送速度。当一个调车场由若干不同线路数的线束组成时，要注意将线路多的线束放在车场中间，线路少的线束放在外侧。线束的分配可按照表 3-1 采用。

线束分配方案

表 3-1

调车线数量	12	16	18	20	24	28	32	36	40	48
线束数（束）及每束线路数量（条）	2 × 6	2 × 8	3 × 6	1 × 8 + 2 × 6	4 × 6 或 3 × 8	2 × 6 + 2 × 8	4 × 8	6 × 6	4 × 6 + 2 × 8	6 × 8

◀ 2. 道岔绝缘区段

在采用集中道岔的情况下，道岔绝缘区段取决于插入短轨长度 $l_{短}$，而短轨长度是根据保护区段长度 $l_{保}$ 确定的。保护区段是为防止在道岔转换过程中车辆驶入道岔的绝缘区段而设置的，它是道岔绝缘区段长度 $l_{绝}$ 的一部分，如图 3-1 所示。

保护区段长度决定于道岔转换时间（包括继电器动作时间）$t_{转}$ 和车辆进入道岔的最大速

度 v_{max}，即

$$l_{保}=v_{max}\cdot t_{转} \tag{3-1}$$

需要插入钢轨的长度为

$$l_{短}=l_{保}-q \tag{3-2}$$

道岔绝缘区段的长度为

$$l_{绝}=0.008+l_{短}+q+l_{尖}+l_{突} \tag{3-3}$$

式中：q——道岔的尖轨前基本轨长度（包括半个轨缝），m；

$t_{转}$——转辙机和有关继电器的动作时间，s，并附加 0.2s 的储备时间，电控机（ZK）按1.0s，电动型（ZD）按 1.2s 计算；

$l_{尖}$——尖轨长度，m；

$l_{突}$——道岔尖轨末端至外侧基本轨接缝处的距离，m。

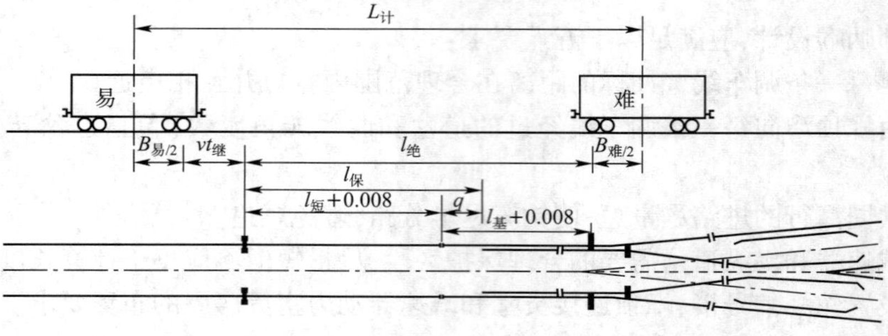

图 3-1　道岔绝缘节及岔前短轨设置

v_{max}对于第一分路道岔和其他分路道岔是有区别的，因为第一分路道岔距离峰顶较近，速度较低。采用 $l_{短}$、$l_{绝}$ 以及 $l_{保}$ 的有关数据见表 3-2。

道岔绝缘区段及保护区段长度参考值　　表 3-2

驼峰类型	道岔位置	道岔类型	转辙机类型	溜放部分调速设备类型	岔前短轨长 $l_{短}$（m）	保护区段长 $l_{保}$（m）	绝缘区段长 $l_{绝}$（m）	使用最大速度（m/s）
大中能力驼峰	第一分路道岔	6 号	ZK	T · JK-A、T · JK3-A	5.0	6.308	12.828	6.3
			ZD	T · JY	6.25	7.558	14.078	6.2
		7 号三开	ZK	T · JK-A、T · JK3-A	5.0	6.233	12.486	6.2
		6.5 号	ZK	T · JK、T · JK3	5.0	6.218	12.618	6.2
			ZD	T · JY	6.25	7.468	13.868	6.2
	其余分路道岔	6 号	ZK	T · JK-A、T · JK3-A	6.25	7.558	14.078	7.5
			ZD	T · JY	7.0	8.308	14.827	6.9
		7 号三开	ZK	T · JK-A、T · JK3-A	6.25	7.483	13.736	7.4
		6.5 号	ZK	T · JK、T · JK3	6.25	7.468	13.868	7.2
			ZD	T · JY	7.0	8.218	14.618	6.8
		9 号单开	ZK	T · JK-A、T · JK3-A	5.0	7.658	20.463	7.6

◀ 3. 线间距离

在驼峰及调车场线路的直线地段上，两相邻线路之间的距离必须满足以下三方面的要求：

①建筑限界、机车车辆限界的要求。

②两相邻线间装设各种调车控制设备、测量设备、照明设备及信号设备等调车作业设备的布置要求。

③调车作业活动的需要。

综合上述要求,线间距应符合表3-3的规定。

驼峰及调车场线间距　　表3-3

序号	名称		线间距(mm)
1	推送线与其提钩地段侧相邻线间、牵出线与其相邻线间		6500
2	峰顶平台两相邻线间		6500
3	编发线间	线间有列检小车通道	5500
		线间无列检小车通道	5000
4	调车线间		5000
5	调车场各线束间	有制动员室	7000
		无制动员室	6500
6	迂回线与禁溜线间		5000
7	梯线与其相邻线间		5000
8	非同一道岔分开的两相邻线间在道岔至警冲标范围内		4000(3900)
9	非同一道岔分开的两相邻线间在警冲标以后		4000

注:1. 序号3、4,改建调车场,特别困难条件下,可保留不小于4600mm线间距(有列检小车通道除外)。

2. 序号5,道岔后连接曲线范围内线间距不应小于5000mm,特别困难条件下,不设排水沟时,不应小于4600mm。

3. 曲线地段应按规定进行加宽,但序号8可不加曲线加宽值。

4. 连接曲线

曲线半径不宜小于200m;困难条件下,最后分路道岔后的连接曲线个别可采用180m。采用大于200m曲线半径不增加驼峰溜放部分长度时,应尽量采用大半径,以利于车辆溜放并减少钢轨的磨耗。

驼峰溜放部分短轨多,而且是经过计算道岔保护区段长度确定的,在短轨内还要设曲线,在此条件下,为满足工务养护维修的需要,不应采用小于200m的半径。当 $R = 200\text{m}$ 时在 $l_{短}$ 范围内能够设置的曲线转角 α(角度)可按式(3-4)计算。

$$\alpha = 0.286 l_{短} \tag{3-4}$$

道岔后连接曲线宜避免反向曲线或两个同向曲线,必须设计时,两曲线间应设置不小于15m的直线段,困难条件下可设置10m的直线段,保证钩车走行平稳,阻力均匀。

驼峰第一分路道岔前曲线不允许直接与道岔基本轨相连。经第一分路道岔的钩车最多,直接连接曲线,车轮对曲线外侧尖轨产生很大的撞击力,对尖轨造成严重危害。为便于道岔的养护和维修,岔前应留出不短于一个转向架长的直线段(转向架最大两轴距为1.8m),使车辆顺直平稳进入道岔,困难条件下留出0.5m长的直线段。

其他分路道岔的前后,曲线可直接连接道岔基本轨或辙叉(曲线加宽率可用道岔导曲线的加宽率),夹直线段长度取为零,以减少溜放部分线路长度。有条件时,宜在道岔基本轨前及辙叉跟后留半个接头夹板长度的直线段,其中,43kg/m钢轨接头夹板半长为0.395m,50kg/m

钢轨接头夹板半长为0.410m。此时,轨距加宽和外轨超高可在曲线范围内处理。

5. 第一分路道岔位置

峰顶(指平台与加速坡的变坡点)至第一分路道岔(Branch Turnout)基本轨轨缝间的距离应为30~40m。该距离主要考虑以下因素:

①以较高的推峰速度解体车列时,在溜车不利条件下(冬季),难、易行车在第一分路道岔有足够的间隔。

②满足设置加速坡与中间坡变坡点竖曲线的要求。

③保证驼峰溜放部分纵断面设计合理。

6. 设置调速设备

(1)调速设备始、末端直线的设置

设脱鞋器时,脱鞋器前应设一段不小于30m的直线段。以5m/s进入调车线的车辆经铁鞋制动后,滑行30m可降至1.4m/s的安全连挂速度(铁鞋摩擦系数按0.17计算)。

减速器应设在直线上,这是减速器结构的要求;另外非重力式减速器前的护轮轨和后边的复轨器也要求设在直线段上。非重力式和重力式两种减速器始端和末端设置直线段的长度见表3-4~表3-6。减速器始、末端对于T·JK、T·JK-A型减速器系指减速器入、出口制动夹板始、末端。

减速器始、末端至相邻曲线的最小直线长度 表3-4

减速器类型	$L_{始}$(m)	$L_{末}$(m)	示意图
T·JK	3.41	1.91(43kg/m)	
		2.41(50kg/m)	
T·JK-A	3.41	2.46	
T·JK3、T·JK3-A	3.91	3.91	

减速器始端至道岔基本轨轨缝最小距离 表3-5

减速器类型	加短轨		不加短轨 L(m)	示意图
	l_1(m)	L(m)		
T·JK、T·JK-A	7.512	4.5	6.004	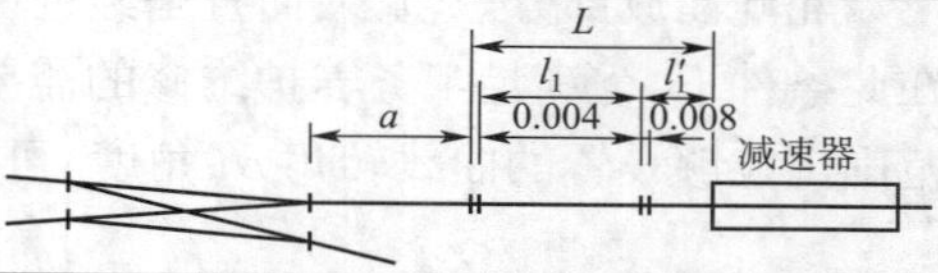
T·JK3、T·JK3-A	8.012	4.5	6.004	

减速器末端至道岔基本轨轨缝最小距离 表3-6

转辙机类型	道岔类型	$l_{短}$(m)	L(m)			示意图
			T·JK	T·JK-A	T·JK3 T·JK3-A T·JY	
ZK	6	6.25	7.762	8.312	9.762	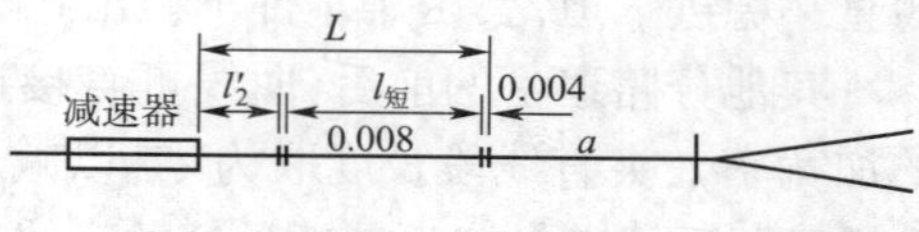
	6.5	6.25	7.762	8.312	9.762	
ZD	6	7.0	8.512	9.062	10.512	
	6.5	7.0	8.512	9.062	10.512	

(2)减速器之间的线间距

在相邻线路上两减速器始端之间的线路间距：T・JK 型减速器不应小于 4m，以便装设制动风缸；T・JK3、T・JY、T・JK3-A 型减速器不小于 3.8m。车场制动位入口距溜放部分最后分路道岔后警冲标的距离不宜小于 42m，不应大于 70m，保证 5 辆车的车组长度，减速器采用放头拦尾制动措施时不会影响邻线作业。如减速器设在调车线最外曲线后 14m 处，在大、中能力驼峰上，距警冲标 55 ~65m。这样，减速器始端留 14m 直线段，既便于安装测速雷达，也可减少车辆蛇行运动对减速器的冲击。

第二节　推送线和溜放线

推送线(Hump Head)指到达场至峰顶间用以向峰顶推送车列的线路(无到达场时为驼峰牵出线)。溜放线指从峰顶至第一分路道岔始端的一段线路。

驼峰前设有到达场时，即到达场与调车场纵列，一般应设 2 条推送线，2 条推送线线间距不应小于 6.5m，由于到达场与调车场纵列，两者距离接近，增设一条推送线投资增加较少；另外初期设 1 条推送线，远期增设 1 条推送线时，需要改造到达场咽喉，工程复杂。因此，设峰前到达场时宜设 2 条推送线，能充分发挥预推作业的效果，提高解体能力。

峰前不设到达场时，推送线即牵出线，是单独设置的，增设 1 条牵出线，到发场咽喉区的结构不会发生很大变化，没有必要规定在新建时按 2 条推送线设计，可根据需要设 1 条或 2 条推送线(即牵出线)。

推送线经常提钩地段应设计为直线段，困难条件下必须设曲线时，曲线距峰顶应有不小于 80m 的距离。推送线靠峰顶端不宜采用对称道岔。采用对称道岔时，经常提钩地段会出现曲线，影响连接员瞭望。位于曲线上的车辆，钩身不正不易提钩；另外曲线上车辆的晃动易使提起的车钩重又落下。

如采用双溜放作业方式，可设计 3 ~4 条推送线。

设有 2 条推送线，且线束在 4 束及以上的驼峰，应设 2 个峰顶，充分发挥预推效果。设 2 个峰顶时，峰下可设 2 条溜放线(Rolling Track)，并用交叉渡线相连，这样作业灵活性强，使用方便，安全性也好。

第三节　禁溜车停留线和迂回线

解体过程中需要将禁止溜放的车辆暂存在禁溜车停留线(No Humping Car Storage)上，以提高解体效率。

大、中能力驼峰均应设置禁溜车停留线，有效长可采用 150m，根据需要设置 1 或 2 条禁溜线。如禁溜车较少，可与迂回线合设 1 条。小能力驼峰可根据需要决定是否设置禁溜车停留线。有的小能力驼峰，由于地形条件限制，没有禁溜车停留线位置，因此也可不设禁溜线。

禁溜车停留线如从推送线出岔，应采用 9 号单开道岔，辙叉要设在峰顶平台上，这样能保证其坡度平缓，取送禁溜车作业方便。小能力驼峰加速坡较缓，且调机送禁溜车带车少时，可将尖轨设在峰顶平台上。禁溜线与迂回线合设时，道岔应设在压钩坡上，以保证迂回线竖曲线半径设计的要求。

设计禁溜车停留时，应尽量向远离溜放线方向转角，使其不影响峰顶连接员与信号楼作业员间的视线与瞭望。

驼峰前设有到达场时，不能过峰顶和车辆减速器的车辆必须通过迂回线送往调车场，因此应设迂回线(Around about Line of Hump)。大、中能力驼峰宜设2条迂回线，以便做到无论哪个驼峰解体车列，均能做到不能过峰的车列便利地进入迂回线，减少对相邻推送线作业的干扰。作业量少的中能力驼峰可设1条。驼峰前不设到达场时，是否设置迂回线，应根据站场布置和作业特点确定。图3-2为调车场头部平面布置图。

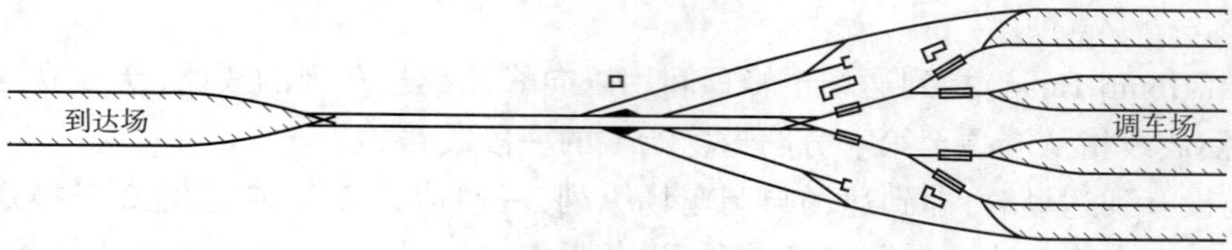

图3-2　调车场头部平面布置图

迂回线从推送线上出岔，应采用9号单开道岔。小能力驼峰的迂回线有时用来进行编解、牵出、转线等作业，为保证推送线上提钩人员及迂回线上作业人员的作业方便和安全，迂回线与推送线之间的线间距不应小于6.5m，中间设有调车员室时，不应小于8m。

思考与练习题

3-1　驼峰平面设计的原则是什么？

3-2　驼峰各坡段之间的变坡点设置应遵循什么要求？

3-3　驼峰调车场头部道岔设置保护区段的作用是什么？

3-4　驼峰迂回线、禁溜线的设计条件是什么？

第四章 点连式驼峰的纵断面设计

第一节 峰顶平台及有关线路纵断面设计

一、推送部分纵断面

推送部分指峰顶至到达场(或牵出线)方向的一个车列长度的范围。推送部分的纵断面,应保证在以下困难条件下,用1台调车机车能起动车列:

①由满载大型车组成的满重车列,当第一辆车位于峰顶停车后能再起动。

②由满载大型车组成的满重车列,位于推送部分的困难位置(坡度陡、曲线和道岔多)停车后能再起动。

③由满载大型车组成的满重车列,当第一辆车是禁溜车,送入峰顶禁溜线停车后,能再起动牵出。

推送部分纵断面设计分两部分考虑:首先确定推送部分的平均坡度,确定出推送部分的高差;然后设计具体坡段的坡长和坡度,将计算出来的高差进行合理分配。

1. 平均坡度的确定

根据车列能够起动为条件推算而得推送部分的平均坡度(图4-1)。

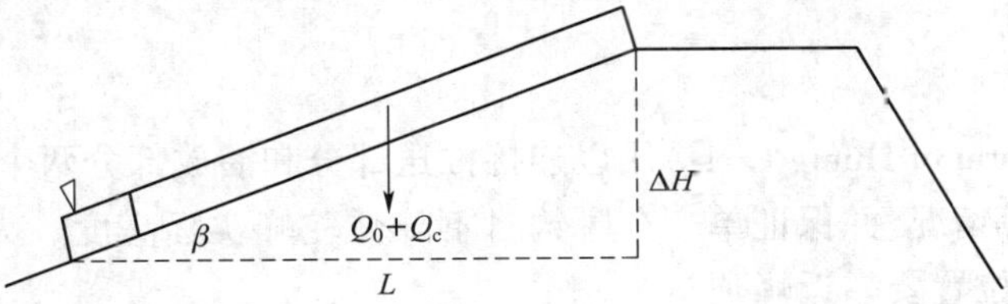

图4-1 驼峰平均坡度受力分析

根据图4-1受力分析可知,当起动牵引力能克服车列(包括机车)重量的分力与阻力之和时,车列可以起动。于是可得

$$F_{起}=(Q_0+Q_c)\sin\beta+Q_0(w'_0+w_q)+Q_c(w'_c+w_{cq})+W \tag{4-1}$$

由 $\sin\beta\approx i_{均}$,可以得到

$$\begin{aligned} i_{均}&=\frac{F_{起}-[Q_c(R'_c+R_{cq})+Q_0(R'_0-R_q)]}{Q_0+Q_c}-\frac{R}{Q_0+Q_c}\\ &=\frac{F_{起}-[Q_c(w'_c+w_{cq})+Q_0(w'_0+w_q)]}{Q_0+Q_c}-R_{曲}-R_{岔} \end{aligned} \tag{4-2}$$

式中:$F_{起}$——驼峰调车机车起动牵引力;

Q_c——车列重量;

R'_c——车列所受单位基本阻力；
R_{cq}——车列所受单位起动附加阻力；
Q_0——机车重量；
R'_0——机车所受单位基本阻力；
R_q——机车所受单位起动附加阻力；
$R_{曲}$——车列所在范围内单位曲线阻力；
$R_{岔}$——车列所在范围内单位道岔阻力。

2. 其他坡度的确定

根据上述要求计算出的推送坡平均坡度 $i_{均}$ 值较小，车钩不能压缩，为便于提钩，一般要将推送部分的纵断面设计成两个坡段，峰前设压钩坡段（$l_{压}$、$i_{压}$），如图 4-2 所示。

压钩坡的坡度一般为 10‰～20‰，长度不小于 50m，也不宜大于 100m。则有

$$l_{列} = l_{场} + l_{压} \tag{4-3}$$

$$l_{列}\ i_{均} = l_{场}\ i_{场} + i_{压}\ l_{压} \tag{4-4}$$

为适应地形，可将压钩坡前的坡段（$l_{场}$、$i_{场}$）设计为平坡或下坡，如图 4-2 中点画线所示。为了减少土方工程，峰顶与到达场间的高差，可考虑现有驼峰和机车的推峰情况，通过推峰试验予以确定。

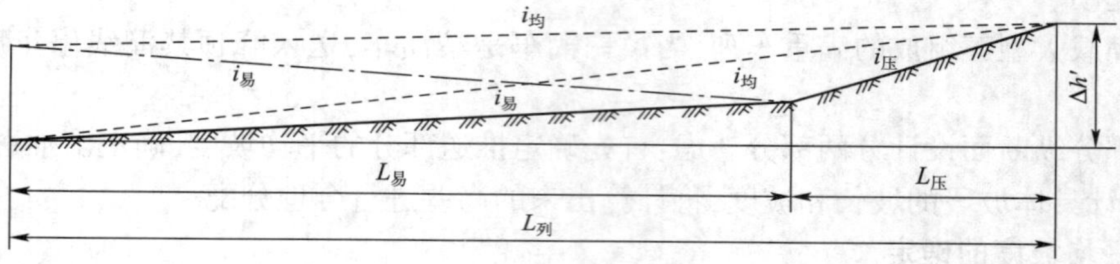

图 4-2　驼峰推送部分纵断面图

二、峰顶平台

峰顶平台（Platform of Hump Crest）用以连接推送部分和溜放部分两个相反的坡段，防止发生车钩折损和脱钩等情况，并保证单个车脱钩时不降低驼峰实际高度。为了缩短送禁溜车的时间，禁溜线的出岔位置要靠近峰顶。

加速坡段（Acceleration Grade）和压钩坡段（Coupler Compressing Grade）的竖曲线切点之间的长度为净平台长度。净平台长度一般为 7.5～10m，这样能满足在净平台上设置禁溜线道岔辙叉的要求。净平台过长，除增加土方工程外，还不易脱钩，增加提钩作业人员的护钩距离，对作业不利。峰顶平台如图 4-3 所示。

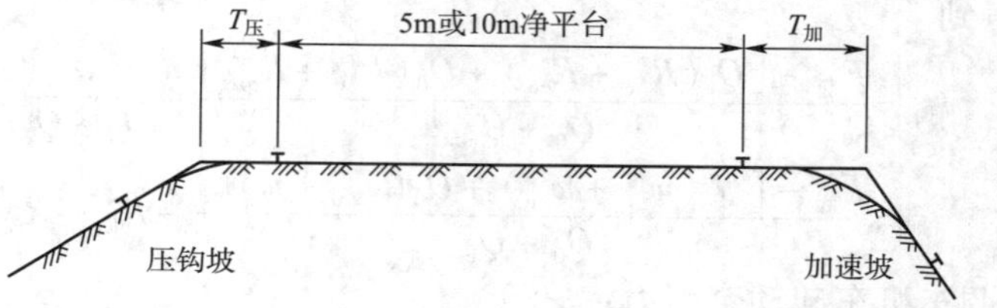

图 4-3　峰顶平台

三、坡段连接

连接驼峰线路各坡段的竖曲线半径：连接峰顶平台的加速坡和压钩坡两个竖曲线的半径采用350m；其余溜放部分竖曲线半径不应小于250m；迂回线的竖曲线半径宜采用1500m。

竖曲线不能与减速器制动位、道岔的尖轨和辙叉部分重叠，其变坡点距离上述部位端点的距离不小于竖曲线的切线长。

$$T_{竖} = \frac{R_{竖}}{2000}\Delta i \tag{4-5}$$

式中：$T_{竖}$——竖曲线切线长，m；

$R_{竖}$——竖曲线半径，m；

Δi——相邻两坡段的坡度代数差，‰。

四、禁溜车停留线

禁溜车停留线纵断面应为凹形。始端道岔至其警冲标附近应设计为下坡，中间停留部分可设计为平坡，距车挡10m范围内应设计为10‰的上坡。

第二节 驼峰高度设计

间隔调速设备采用减速器，同时每条调车线用一个减速器和连续布设的减速顶共同实现目的调速的点连式调速系统，是我国编组站应用较多且经实践检验较为成功的一种调速系统。就点连式调速系统而言，也有不同的形式，我国的自动化、半自动化驼峰广泛采用减速器＋减速顶点连式调速系统。

本节重点讲述点连式驼峰（减速器＋减速顶）峰高的计算。

驼峰高度简称为峰高，指峰顶（平台与加速坡的变坡点）与计算点间的高差。

车辆溜经驼峰溜放部分（峰顶至计算点）时，受基本阻力、风阻力、曲线阻力、道岔阻力的影响，能量将不断消耗。运营对驼峰的要求是：车辆由驼峰溜放部分迅速通过道岔和减速器，进入调车场，以保证前后钩车有足够的间隔；车辆溜行要有足够的距离，保证难行车在溜车不利条件下溜到难行线计算点时能达到规定的速度。因此，驼峰应有一定的高度，当钩车脱钩时提供足够的位能，以补偿各种阻力消耗的能量。

1. 设间隔制动位时的峰高计算条件

大、中能力驼峰的溜放部分均设有间隔制动位（Spacing Braking Retarder Location）。

驼峰峰高应保证在溜车不利条件下，以1.4m/s的推送速度解体车列时，难行车溜至计算点应有1.4m/s的溜放速度（安全连挂速度）。

溜车不利条件是指在冬季、逆风溜放车辆的基本阻力和风阻力最大的条件。

难行线（Hard Rolling Track）是指调车场所有溜车的线路中车辆溜放总阻力最大的线路。

计算点（Calculate Point of Hump）对于减速器＋减速顶的点连式调速系统为打靶区（Shot Area）末端。

计算峰高时,以车场减速器为界,按溜放部分的阻力和调车场部分的阻力分段计算,累加而成。其计算公式如下:

$$H_{峰}=[L_{溜}(w_{基}^{溜难}+w_{风}^{溜难})+L_{场}(w_{基}^{场难}+w_{风}^{场难})+8\sum\alpha+24n]\times10^{-3}+\frac{v_{挂}^2}{2g'_{难}}-\frac{v_{推}^2}{2g'_{难}} \quad (4\text{-}6)$$

式中: $H_{峰}$——计算峰高,m;

$\sum\alpha$——溜车经路上所有曲线和道岔转角的总和,°;

n——溜车经路上的道岔总数;

$L_{溜}$——峰顶至计算难行线的车场制动位减速器入口的距离,m;

$L_{场}$——车场制动位减速器入口至打靶区末端的距离,m;

$w_{基}^{溜难}$、$w_{基}^{场难}$——分别为冬季难行车在溜放部分和车场部分的基本阻力,N/kN;

$w_{风}^{溜难}$、$w_{风}^{场难}$——分别为冬季难行车在溜放部分和车场部分的风阻力,N/kN;

$v_{推}$——推峰速度,取1.4m/s;

$v_{挂}$——安全连挂速度,一般为0.83~1.4m/s;

$g'_{难}$——难行车考虑转动惯量影响后的重力加速度,m/s^2。

难行车在冬季溜车不利条件下,驼峰溜放部分的平均溜放速度(Rolling Speed)采用表4-1提供的数据;打靶区的平均溜放速度按表4-2数据选取。

溜放部分难行车平均溜放速度 表4-1

调速系统 / 风速(m/s) / 计算气温(℃)	减速器+减速顶		
	3	4	5
0及其以上	4.5	4.6	4.7
-5	4.5	4.7	4.8
-10	4.6	4.7	4.9
-15	4.6	4.8	4.9
-20	4.7	4.9	5.0
-25	4.8	4.9	5.1

注:本表适用于24~26条调车线的驼峰,27~32条调车线的驼峰在本表数值上增加0.1m/s,32条调车线以上的驼峰增加0.2m/s,24条调车线以下的驼峰减小0.1m/s。

打靶区难行车平均溜放速度 表4-2

计算温度(℃)	0	-5	-10	-15	-20	-25
平均溜放速度(m/s)	2.2	2.2	2.2	2.3	2.4	2.4

将式(4-6)中的$L_{溜}$和$L_{场}$合并,则峰高计算公式可以简化为式(4-7)。

$$H_{峰}=[L_{计}(w_{基}^{难}+w_{风}^{难})+8\sum\alpha+24n]\times10^{-3}+\frac{v_{挂}^2}{2g'_{难}}-\frac{v_{推}^2}{2g'_{难}} \quad (4\text{-}7)$$

2. 不设间隔制动位时的峰高计算条件

不设间隔制动的点连式驼峰主要为小能力驼峰,一般是在调车场内设减速器和减速顶。峰高设计需要同时考虑两种溜车情况。

(1)需要峰高

峰高应保证以1.4m/s的推送速度解体时,难行车在冬季溜车不利条件下,溜至难行线计算停车点(车辆减速器出口)时有 1.4m/s 的速度。需要峰高($H_{冬需}$)按式(4-6)计算。

(2)限制峰高

峰高应保证以 1.4m/s 的推送速度解体时,易行车在夏季溜车有利条件下,溜至易行线减速器入口时不大于减速器制动能高(设计能高扣除安全余量)允许的入口速度。限制峰高($H_{夏限}$)可按式(4-7)计算。

$$H_{夏限}=[L_{溜易}(w_{基}^{溜易}+w_{风}^{溜易})+8\sum\alpha+24n]\times10^{-3}+\frac{v_{连}^{2}-v_{推}^{2}}{2g'_{易}}+$$

$$h_{场制}\frac{1}{1+\varphi}-L_{场易}(i_{减}-w_{场易}^{夏易})\times10^{-3} \tag{4-8}$$

式中:$L_{溜易}$——峰顶至易行线减速器入口的距离,m;

$w_{基}^{溜易}$、$w_{风}^{溜易}$——夏季易行车的基本阻力和空气阻力(空气阻力按无风计算,只计算车辆与空气的相对运动),N/kN;

$\sum\alpha$——峰顶至易行线减速器入口之间的所有曲线和道岔转角之和,°;

$v_{推}$——推峰速度,m/s;

φ——减速器制动能力安全量;

$i_{减}$——调车场减速器坡度,‰,反坡取负值;

$L_{场易}$——调车场减速器长,m;

$h_{场制}$——调车场减速器制动能高,m。

若减速器节数为 n,每一节长 $l_{减}$,减速器制动参数为 μ,则有

$$h_{场制}=nl_{减}\mu \tag{4-9}$$

(3)采用峰高

采用的峰高应保证作业安全,提高解体效率,同时在保证能力需要的条件下,节省工程投资,减少减速器用量。车场制动位减速器数量,不应少于 10 节,不应多于 12 节。为获得较高的解体效率,峰高可按如下考虑:

①当 $H_{冬需}<H_{夏限}$(10 节)时,采用 $H_{夏限}$ 为设计峰高,既保证作业安全,又保证解体效率。

②当 $H_{夏限}$(10 节)$<H_{冬需}<H_{夏限}$(12 节)时,采用 $H_{冬需}$ 为设计峰高。

③$H_{冬需}>H_{夏限}$(12 节)时,采用 $H_{夏限}$ 为设计峰高,保证作业安全,但是冬季会影响解体效率。也可以采用 $H_{冬需}$ 为设计峰高,但需在驼峰溜放部分增设间隔制动位。

不设间隔制动的小能力驼峰,夏季易行车在驼峰溜放部分的平均溜放速度,车场采用减速器时为 4.8m/s;冬季难行车在驼峰溜放部分的平均溜放速度,车场采用减速器时为 4.0m/s。

第三节 驼峰溜放部分纵断面设计

点连式驼峰调速系统属于自动化驼峰和半自动化驼峰范畴,其解体能力大,要求以较高的解体推送速度和溜放速度进行,溜放时前后钩车应保证足够的间隔。在车辆溜放过程中由于难、易行车之间受到的阻力相差较大,为保证解体效率以及作业安全,驼峰溜放部分的纵断面设计需要兼顾难行车和易行车,使其速度接近相等。

若前、后钩车的长度分别为 $L_{前}$ 和 $L_{后}$，峰顶推送速度为 v_0，车辆在峰顶的最小溜放间隔 (t_0) 应保证

$$t_0 = \frac{L_{前} + L_{后}}{2v_0} \tag{4-10}$$

从式(4-10)可以看出，当两钩车的长度一定时，v_0 越高，t_0 越小；当 v_0 一定时，两钩车的长度越短，t_0 越小。因此，连续溜放单个车辆时，t_0 最小。为保证道岔或减速器的安全转换，前后钩车的最小溜放间隔应保证

$$t_0 \geqslant \Delta t + t_{占} \tag{4-11}$$

式中：t_0——前后钩车在峰顶的溜放间隔，s；

Δt——前钩车与后钩车之间的溜行时差，s；

$t_{占}$——前钩车占用分路道岔或减速器的时间，s。

式(4-11)说明，如果减小 t_0，即提高推峰速度 v_0，则必须减小 Δt 和 $t_{占}$。其中 Δt 主要是由前、后钩车的速度差即前、后钩车的阻力差引起的；$t_{占}$ 是由前钩车经过道岔绝缘区段或减速器的平均速度决定的。溜放钩车阻力、溜放区段坡度与溜放速度的关系见式(4-12)。

$$v^2 = v_0^2 + 2g'L(i - w) \times 10^{-3} \tag{4-12}$$

式中：v——车辆由峰顶溜至任一计算点的速度，m/s；

v_0——推峰速度，m/s；

L——车辆由峰顶溜至任一计算点的长度，m；

i——L 范围内的平均折算坡度，‰；

w——车辆单位总阻力，N/kN。

难、易行车确定后，长度以及溜放阻力随之确定。式(4-12)表明，在难、易行车阻力差一定的情况下，坡度越陡，阻力对溜放速度的影响越小，难、易行车溜放速度越接近，因此，增大溜放区段坡度可缩小 Δt；坡度越陡，溜放钩车经过道岔或减速器的速度越大，$t_{占}$ 越小。可见，驼峰纵断面为满足作业的需要，应设计为前陡后缓连续下坡的凹形纵断面，这样有利于提高驼峰的解体能力。

点连式调速系统的溜放部分纵断面分四个区域：加速区、高速区、减速区和打靶区。按照以下六个步骤进行设计。

◀ 1. 难行线平面展开图

首先在驼峰平面图中选取难行线，绘制其平面展开图，比例为 1∶1000。为方便计算各项阻力值，需要计算出峰顶到各道岔中心、曲线的始点和终点、减速器有效制动位始端和终端的累加坐标值。同时，计算出曲线和道岔的转角之和以及道岔数。

◀ 2. 加速区高度设计(h_1)

加速区坡段的范围是从峰顶至第Ⅰ制动位减速器有效制动长度的始端(制动位有效制动长度为减速器制动位的长度与两端喇叭口长度之差)，如图 4-4 所示。其高度的计算条件为在 7km/h 的推峰速度下，易行车在溜车有利条件下，加速到第Ⅰ制动位有效制动长度的始端时，其速度不超过减速器容许的最大允许入口速度 v_{max}。

各类制动器每节的制动长度 $l_{制}$、制动能高 $h_{制}$、每台减速器两端喇叭口的长度 l_R 和两组减速器之间的间隔 $l_{间}$ 见表 1-1。

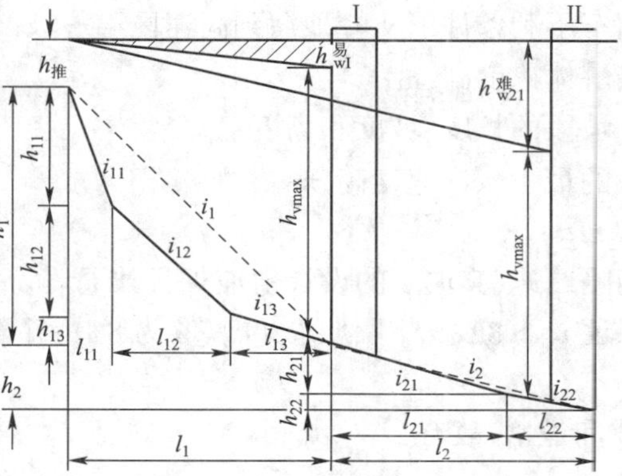

图 4-4　加速区、高速区纵断面图

根据图 4-4 所示，运用能量守恒定律，确定加速区的高度 h_1 和平均坡度 i_1。

$$h_1 = h^{易}_{vmax} + h^{易}_{w1} - h^{易}_{推} \tag{4-13}$$

$$i_1 = \frac{h_1}{l_1} \tag{4-14}$$

式中：$h^{易}_{vmax}$——减速器容许的最大入口速度高，m，$h^{易}_{w1} = [l_1(w^{易}_{基} \pm w^{易}_{风}) + 8\sum\alpha + 24n] \times 10^{-3}$；

$h^{易}_{推}$——易行车推峰解体速度高，m；

$h^{易}_{w1}$——易行车在溜车有利条件下，从峰顶溜至第Ⅰ制动位有效长度始端的总阻力高，m；

l_1——加速区段长度，m；

$w^{易}_{基}$——溜车有利条件下易行车的单位基本阻力，N/kN；

$w^{易}_{风}$——溜车有利条件下易行车的单位风阻力，N/kN；

$\sum\alpha$、n——转角弧度数和道岔数；

8、24——每 1 度转角和每一组道岔的阻力功，kN · m。

◀ **3. 高速区设计（l_2、i_2）**

高速区坡段是从第Ⅰ部位减速器有效制动长度的始端至第Ⅱ制动位有效制动长度末端的坡段。该坡段设计应保证难行车在冬季溜车不利条件下以 7km/h 的推峰速度自由溜过加速区后，在高速区保持高速溜行，能够接近或达到减速器的最大容许速度。在具体设计时，一般分 1 ~ 2 个坡段设计，分两个坡段设计时，按以下步骤设计。

（1）第一高速坡段（l_{21}、i_{21}）

高速区两坡段之间的变坡点选在第Ⅱ制动位减速器入口端适当地点，与第Ⅱ制动位减速器入口端的距离应大于一个竖曲线切线长和减速器喇叭口长度之和，即 $T_{竖} + l_R$。这个坡段的坡度计算条件为难行车在溜车不利条件下达到减速器最大允许入口速度，推导如下。

根据图 4-4 所示，运用能量守恒定律，有

$$h_1 + h_{21} + h^{难}_{推} = h^{难}_{w21} + h^{难}_{vmax}$$

$$h_{21} = [(l_1 + l_{21})(w^{难}_{基} + w^{难}_{风}) + 8\sum\alpha + 24n] \times 10^{-3} + h^{难}_{vmax} - h_1 - h^{难}_{推} \tag{4-15}$$

$$i_{21} = \frac{h_{21}}{l_{21}} \tag{4-16}$$

式中：$h_{w21}^{难}$——难行车在溜车不利条件下从峰顶溜到高速区第一坡段末端的总阻力高，m；

$h_{推}^{难}$——难行车推峰解体速度高，m；

l_{21}、i_{21}、h_{21}——高速区第一坡段的长度、坡度和高度；

$h_{vmax}^{难}$——减速器容许的最大入口速度高，m。

(2)第二高速坡段(l_{22}、i_{22})

该坡段有减速器作间隔调速，其坡度的设计值应保证难行车高速溜行，因此，采用难行车的阻力当量坡。但是应保证 $i_{22}>8‰$，若不满足，可以取为 8‰，并降低第一坡段坡度值，且应保证 $i_{21}>i_{22}$。

在 l_{22}范围内没有曲线和道岔，故有

$$i_{22}=w_{总}^{难}=w_{基}^{难}+w_{风}^{难} \tag{4-17}$$

$$l_{22}=l_2-l_{21} \tag{4-18}$$

$$h_{22}=l_{22}i_{22}$$

式中：$w_{总}^{难}$——难行车在溜车不利条件下的单位总阻力，N/kN；

l_{22}、i_{22}、h_{22}——高速区第二坡段的长度、坡度和高度。

如果 $i_{22}<8‰$，则应采用 $i_{22}=8‰$。但这样会使难行车在(l_{22}、i_{22})范围内继续加速运行，最后超过 h_{vmax}。为此，可调整 i_{21}。令 $i_{21}=i_{21}-\Delta i$，则有

$$\Delta i=\frac{l_{22}(8-w_{总}^{难})}{l_{21}} \tag{4-19}$$

4. 加速区设计

加速区一般设计成三个坡段，如图 4-4 所示。

(1)加速区第一坡段(l_{11}、i_{11})

加速区的第一坡段应使各种走行性能的钩车在峰顶脱钩后尽快加速，使前后钩车拉开间隔。因此，第一坡段的坡度值 i_{11} 应设计成较陡的坡度。考虑内燃机车结构、车钩允许坡度差、峰高范围和坡段养护等因素，加速坡的坡度在使用内燃机车时，不宜大于 55‰，困难条件下，坡度不小于 35‰。

加速区第一坡段的坡度较陡时，l_{11}的长度应短一些，变坡点设第一分路道岔之前。

(2)加速区第三坡段(l_{13}、i_{13})

为了不在第Ⅰ制动位始端变坡，应使加速区第三坡段的坡度 $i_{13}=i_{21}$。

加速区第三坡段与第二坡段变坡点有两个位置可以考虑。当竖曲线切线 T 较短时，设在第Ⅰ制动位和顺向道岔之间。当 T 较长时，第Ⅰ制动位和顺向道岔之间放不下 $2T$ 时，可以设置在第一分路道岔之前，此时，加速坡变为两个坡段。

(3)加速区第二坡段(l_{12}、i_{12})

加速区第一坡段和第三坡段设计完成后，可进行加速区第二坡段(l_{12}、i_{12})的设计。

$$l_{12}=l_1-l_{11}-l_{13} \tag{4-20}$$

$$h_{12}=h_1-h_{11}-h_{13}$$

$$i_{12}=\frac{h_{12}}{l_{12}} \tag{4-21}$$

式中：l_{12}、i_{12}、h_{12}——加速区第二坡段的长度、坡度和高度。

若 $i_{12} < i_{13}$，则应调整（l_{11}、i_{11}），使 $i_{12} \geqslant i_{13}$，但 h_1 的总高度不变。

另外，当驼峰峰高较小时，高速区设计的坡度较小。在这种情况下，可将易行车在溜车有利条件下，以 7km/h 的推峰速度解体，溜到第Ⅰ制动位有效长度的始端，其速度小于减速器容许的最大入口速度 v_{max}。即降低加速区的高度 h_1 和减小平均坡度 i_1。

◀ 5. 打靶区设计（l_4、i_4）

打靶区段为调车场减速器（第Ⅲ制动位）有效制动长度始端至打靶区末端间的地段，包括减速器坡段和打靶区坡段，如图 4-5 所示。

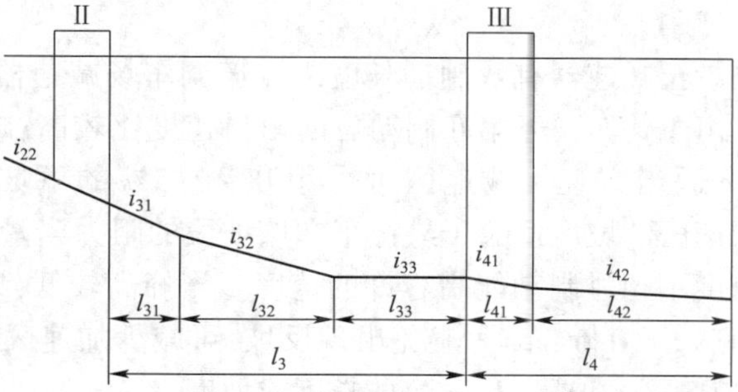

图 4-5　减速区、打靶区纵断面图

（1）减速器坡段（l_{41}、i_{41}）

第Ⅲ制动位减速器坡段的任务是承担溜放钩车的目的制动，对入线的钩车进行调速，使之安全进入连挂区。为了便于调车场减速器对车辆进行有效控制，减速器坡段的坡度应按大多数车辆不减速的要求确定，可取中型车在冬季的基本阻力当量坡度。一般应设于坡度值为 2‰～3‰的下坡道上，高寒地区可增大至 3‰～4‰。坡段长度不得小于制动位长和两个竖曲线切线长之和，一般可取 25～30m。

此坡段坡度不宜太小，最小值不宜小于 1.5‰，否则容易夹停；也不宜太陡，否则减速器的制动能高一部分被坡度抵消，造成制动力的浪费。

（2）打靶区段（l_{42}、i_{42}）

从调车场减速器出口端变坡点至连挂区始端变坡点之间的区段，称为打靶区段。打靶区是无顶区，它是减速器和减速顶两种调速设备的联络区。打靶区的长度和坡度在点连式调速系统设计中是重要的问题，直接影响着调速系统的运营效果和工程投资。

打靶区设计应能保证冬季难行车溜至打靶区末端，不发生途停；夏季易行车溜至打靶区末端的速度不超过安全连挂速度。

减速器打靶区坡度的设计一般分为两种情形：

①$w_{易}^{夏} < i_{靶} < w_{难}^{冬}$。

②$i_{靶} \leqslant w_{易}^{夏}$。

第一种情形，难行车减速，易行车加速，对易行车控制的精度要求高；第二种情形，使所有溜放车辆不加速，因此应避免难行车发生途停。采用第二种情形，可适当增加打靶区的长度来抬高驼峰高度，利用峰高的位能增加难行车的溜行远度，争取节省高差在后面布顶区使用，工程投资省，运营效果也好，大的编组站广泛采用。

采用第二种情形时，不宜超过夏季易行车溜放阻力的当量坡，一般设计成 0.6‰～1.0‰

的下坡,南方地区取小值,东北地区取大值。打靶区也可以设计成平坡。

如果易行车在打靶区末端超速,则可适当延长打靶区长度,同时在打靶区末端设小顶群,使易行车速度降到安全连挂速度,使难行车利用易行车多余的动能串挂。

打靶区的长度,直接影响到驼峰的高度,因此,要合理确定 l_{42} 的长度。当坡度较大时,l_{42} 受易行车溜行远度的控制;坡度较小时,l_{42} 受难行车溜行远度的控制。从驼峰作业效率以及工程投资等方面考虑,坡长一般为 80 ~ 150m 比较理想,但也可以视具体情况适当增加或减少,太长了不好控制,太短了节省减速顶投资的意义不大。

◀ 6. 减速区设计(l_3、i_3)

该坡段是从第Ⅱ制动位减速器有效制动长度末端至调车场减速器(第Ⅲ制动位)有效制动长度始端间的地段。由于钩车离开第Ⅱ制动位的出口速度比较高,减速区的坡度应使易行车在溜车有利的条件下适当减速。减速区可采用 0 ~ 2.5‰的下坡。边缘线束不应大于 3.5‰。当驼峰较高,减速区的坡度值大于易行车在该坡段的阻力当量坡时,应保证易行车溜到第Ⅲ制动位的入口速度不超过制动能高容许的速度。当峰高较低,计算结果 h_3 为负值时,减速区为反坡,反坡不宜大于 0.6‰。为避免出现反坡,可减少加速区第一坡段(l_{11}、i_{11})的长度或坡度,或者减少高速区第一坡段(l_{21}、i_{21})的长度或坡度。

减速区坡段一般分三部分,如图 4-5 所示。

(1)减速区第一坡段(l_{31}、i_{31})

为了不在第Ⅱ制动位末端变坡,设 $i_{31}=i_{22}$,$l_{31}\geqslant T_{竖}+l_R$,保证 l_{31} 和 l_{32} 之间的变坡点竖曲线的切线不侵入第Ⅱ制动位范围内。为了避免纵断面各坡段的长度出现 1m 以下的小数,应将 $l_{22}+l_{31}$ 的小数进整。

(2)设计减速区第二坡段(l_{32}、i_{32})和第三坡段(l_{33}、i_{33})

先计算这两个坡段的平均坡度 $i_{均}$,且合理分配在两坡段上,且使 $i_{32}\geqslant i_{33}$。

$$i_{均}=\frac{h_3-h_{31}}{l_3-l_{31}} \tag{4-22}$$

式中:h_3——减速区的高度,m,且 $h_3=H_{峰}-h_1-h_2-h_4$;

l_3——减速区的长度,m。

$i_{均}$ 的值取四位小数,如第四位小数小于 5,取 5;大于 5,则进一位取三位小数。例如,$i_{均}=0.0017$,取三位小数 0.002。然后取 $i_{32}=i_{均}$,为 2‰,令

$$i_{33}=i_{32}-1‰(或 0.5‰) \tag{4-23}$$

i_{32} 和 i_{33} 的值确定后,用下列公式计算 l_{32} 和 l_{33}

$$l_{32}=\frac{h_3-h_{31}-(l_3-l_{31})\times i_{33}}{i_{32}-i_{33}} \tag{4-24}$$

$$l_{33}=l_3-l_{31}-l_{32} \tag{4-25}$$

综上所述,点连式调速系统溜放部分纵断面设计要求如下:

①溜放部分纵断面设计为面向调车场方向的连续下坡。

②加速区设计要求为在溜车有利条件下,易行车从峰顶溜到加速区末端其速度不超过减速器最大允许入口速度。

③高速区设计要求为在溜车不利条件下,难行车溜到高速区末端其速度不超过减速器最

大允许入口速度。

④减速区设计兼顾难行车和易行车,一般采用易行车在溜车有利条件下的阻力当量坡,使得易行车不加速。

⑤打靶区设计应能保证冬季难行车溜至打靶区末端,不发生途停;夏季易行车溜至打靶区末端的速度不超过安全连挂速度。坡度一般可以采用0.6‰~1.0‰。

第四节 点连式驼峰纵断面设计示例

参照本章第三节纵断面的设计思路和方法,对某点连式驼峰溜放部分纵断面进行设计。

[已知条件]

(1)某编组站的调车场线路数目为32条,头部平面图如附图1所示。车场制动位长度为25m,打靶长度为100m。

(2)溜放部分减速器采用T·JK2-A型,车场部分减速器采用T·JK1。

(3)道岔采用6号对称道岔,转辙机为zk型。

(4)溜车速度 $v_{车}=4.5\text{m/s}$。

(5)设计气象资料如下:

①溜车不利条件 冬季逆风,气温 $t=-15.6℃$,风速 $v_f=5.0\text{m/s}$,风向与溜车方向夹角为0°。

②溜车有利条件 $t=27℃$,夏季无风。

一、计算确定峰高

1.选择难行线

选择2道为难行线,绘制平面展开图,如图4-6所示。

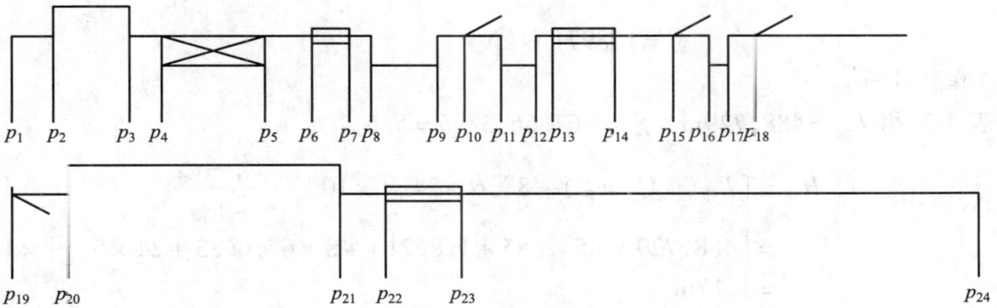

图4-6 2道难行线平面展开图

图4-6中从峰顶到各点的长度计算见表4-3。

难行线关键点累积计算值 表4-3

计 算 点	计算点的值	计 算 点	计算点的值
P_1	0.000	P_3	30.580
P_2	8.400	P_4	39.882

续上表

计　算　点	计算点的值	计　算　点	计算点的值
P_5	69.883	P_{15}	187.770
P_6	83.319	P_{16}	198.126
P_7	94.119	P_{17}	203.653
P_8	100.299	P_{18}	211.459
P_9	119.498	P_{19}	240.300
P_{10}	127.345	P_{20}	264.892
P_{11}	137.750	P_{21}	343.726
P_{12}	147.931	P_{22}	363.726
P_{13}	152.571	P_{23}	379.226
P_{14}	170.571	P_{24}	488.726

◀2. 计算峰高

(1)难行车阻力计算

①基本阻力

$$w_{基}^{难}=1.539+2.203[e^{-0.0169\times(-15.6)}-e^{-0.0169\times(10.2+0.24\times30)}]-0.0107\times30+(0.428-0.0037\times30)\times4.5+1.28\times0.772+(1-0)\times0.4=5.2585\text{N/kN}$$

②风阻力

查表2-6,

$$f=10.01,\frac{C_{x1}}{C_{x0}}=1$$

$$w_{风}^{难}=\frac{0.063\times1\times10.01}{30}(4.5+5)^2=1.8971\text{N/kN}$$

(2)峰高计算

查表4-3,得 $L_{溜}=488.729\text{m}$, $\sum\alpha=67.6633°$, $n=5.5$ 。

$$H_{峰}=[L_{计}(w_{基}^{难}+w_{风}^{易})+8\sum\alpha+24n]\times10^{-3}+\frac{v_{挂}^2-v_{推}^2}{2g'_{难}}$$
$$=[488.729\times(5.2585+1.8971)+8\times67.6633+24\times5.5]\times10^{-3}=4.17\text{m}$$

二、计算加速区的高度

查表2-6得: $\frac{C_{x1}}{C_{x0}}=1, f=8.0, \cos^2\alpha=1, \cos\beta=1$

$w_{基}^{易}=0.6+0.4=1.0\text{N/kN}$(易行车采用滚动轴承计算)

$$w_{易}^{风}=\frac{0.063\times1\times8.0}{80\cos^2 0}(4.5+0\times\cos0)^2=0.127\text{N/kN}$$

$$h_1 = [L_{计}(w_{基}^{易} + w_{风}^{易}) + 8\sum\alpha + 24n] \times 10^{-3} + h_{vmax}^{易} - h_{推}^{易}$$

$$= [83.319 \times (1 + 0.127) + 8 \times 14.55 + 24 \times 1.5] \times 10^{-3} + \frac{7^2}{2 \times 9.61} - \frac{1.944^2}{2 \times 9.61}$$

$$= 2.598\text{m}$$

$$i_1 = \frac{2.598}{83.319} = 31‰$$

三、高速区的设计

1. 设计高速区第一坡段(l_{21}、i_{21})

(1)坡长设计

高速区两个坡段的变坡点宜靠近第Ⅱ制动位，距第Ⅱ制动位有效制动长度始端的距离大于 $T_{竖} + l_R$，根据变坡点的位置确定 l_{21} 和 l_{22} 的长度，然后计算第一坡段的坡度 i_{21}。

从图 4-6(调车场头部平面展开图)以及表 4-3 可知

$$l_2 = p_{14} - p_6 = 170.571 - 83.319 = 87.252\text{m}$$

取

$$l_{21} = l_2 - l_{22} = l_2 - (P_{14} - P_{13} + l_R + T_{竖})$$

$$= 87.252 - (170.571 - 152.571 + 0.58 + 1.991)$$

$$= 66.681\text{m}$$

取 l_{21} 的小数为 0.681 是为了与 l_1 的小数 0.319 合起来凑成整数米。

$$h_{21} = h_{w21} + h_{vmax} - h_1 - h_{推}^{难}$$

$$= [(l_1 + l_{21})(w_{基}^{难} + w_{风}^{难}) + 8\sum\alpha + 24n] \times 10^{-3} + h_{vmax}^{难} - h_1 - h_{推}^{难}$$

$$= [(83.319 + 66.681) \times (5.2585 + 1.8971) + 8 \times 27.693 + 24 \times 2.5] \times 10^{-3} + \frac{7^2}{2 \times 9.28} - 2.598 - \frac{1.4^2}{2 \times 9.28}$$

$$= 1.291\text{m}$$

(2)坡度设计

$$i_{21} = \frac{h_{21}}{l_{21}} = \frac{1.291}{66.681} = 0.01936084$$

取 $i_{21} = 19‰$，舍去了小数 0.00036084，这样高速区第一坡段的实际高度为

$$h'_{21} = l_{21} i_{21} = 66.681 \times 0.019 = 1.267\text{m}$$

2. 设计高速区第二坡段(l_{22}、i_{22})

(1)坡长设计

$$l_{22} = l_2 - l_{21} = 87.252 - 66.681 = 20.571\text{m}$$

(2)坡度设计

令第二坡段的坡度 i_{22} 等于难行车的阻力当量坡。在 l_{22} 范围内没有曲线和道岔。

$$i_{22} = w_{总}^{难} = w_{基}^{难} + w_{风}^{难} = 5.2585 + 1.8971 = 7.1556‰$$

因为 $7.1556‰ < 8‰$，取 $i_{22} = 8‰$。这样会使难行车在(l_{22}、i_{22})范围内继续加速运行，超过减速器容许最大速度 v_{max}。为此应检验是否需要调整 i_{21}。

令

$i'_{21}=i_{21}-\Delta i$

$$\Delta i=\frac{l_{22}(8-w_{总}^{难})}{l_{21}}=\frac{20.571\times(8-7.1556)\times10^{-3}}{66.681}=0.0002604962\text{m}$$

由于在 i_{21} 设计中，舍去了尾数0.00036084，因 i_{21} 超速很少可以不作调整。

$$l_{22}=20.571\text{m},i_{22}=8‰,h'_{22}=l_{22}i_{22}=20.571\times8‰=0.165\text{m}$$

3. 高速区实际高度

由上可得

$$h'_{2}=h'_{21}+h'_{22}=1.267+0.165=1.432\text{m}$$

四、加速区设计

加速区一般设计成三个坡段：$l_{11}i_{11}$，$l_{12}i_{12}$ 和 $l_{13}i_{13}$。

1. 设计加速区第一坡段（l_{11}、i_{11}）

设 $i_{11}=50‰$，取 $l_{11}=28\text{m}$。

$$h_{11}=i_{11}\times l_{11}=0.050\times28=1.4\text{m}$$

2. 设计加速区第三坡段（l_{13}、i_{13}）

为了不在第Ⅰ制动位始端变坡，取加速区第三坡段的坡度与高速区第一坡段的坡度相同，即 $i_{13}=i_{21}=19‰$。

设计加速区第三坡段和第二坡段之间的变坡点宜靠近第Ⅰ制动位，距离第Ⅰ制动位有效制动长度，始端的距离大于 $T_{竖}+l_{R}$。取 $l_{13}=2.319\text{m}$。

$$h_{13}=i_{13}\times l_{13}=19‰\times2.319=0.044\text{m}$$

3. 设计加速区第二坡段（l_{12}、i_{12}）

$$l_{12}=l_{1}-l_{11}-l_{13}=83.319-28-2.319=53\text{m}$$

$$h_{12}=h_{1}-h_{11}-h_{13}=2.598-1.4-0.044=1.154\text{m}$$

$$i_{12}=\frac{h_{12}}{l_{12}}=1.154/53=0.02177358$$

取 $i_{12}=21‰$，舍去了小数0.00077358，这样加速区第二坡段的实际高度为

$$h'_{12}=l_{12}i_{12}=53\times0.021=1.113\text{m}$$

4. 加速区实际高度

$$h'_{1}=h_{11}+h'_{12}+h_{13}=1.4+1.113+0.044=2.557\text{m}$$

当驼峰峰高较小时，为了利于减速区设计，第Ⅰ制动位的入口速度可以低于减速器容许最大入口速度。

五、打靶区设计

打靶区的长度 l_4 由第Ⅲ制动位长度 $l_{制}$ 和打靶距离 $l_{靶}$ 两部分组成。

◀ 1. 减速器区段设计

取 $l_{制}=25\text{m}, i_{制}=2.5‰$，则 $h_{制}=25\times0.0025=0.0625\text{m}$。

◀ 2. 打靶区段设计

取 $l_{靶}=100\text{m}, i_{靶}=0.8‰$，则 $h_{靶}=0.08$。

◀ 3. 打靶区高度

$l_4=l_{制}+l_{靶}=25+100=125\text{m}, h_4=0.0625+0.08=0.143\text{m}$。

六、减速区设计

减速区设计为三个坡段 $l_{31}i_{31}$、$l_{32}i_{32}$ 和 $l_{33}i_{33}$，也可以设计为两个坡段。

◀ 1. 减速区长度及高度

$$l_3=l_{计}-l_1-l_2-l_4=488.726-83.319-87.252-125=193.155\text{m}$$

$$h_3=H_{峰}-h'_1-h'_2-h_4=4.17-2.557-1.432-0.143=0.038\text{m}$$

◀ 2. 设计减速区第一坡段(l_{31}、i_{31})

为了不在第Ⅱ制动位末端变坡，取 $i_{31}=i_{22}=8‰$，$l_{31}\geqslant T_{竖}+l_{R}$，使 i_{31} 与 i_{32} 变坡时，其竖曲线的切线不侵入第Ⅱ制动位范围内。

取 $l_{31}=2.429$(取尾数 0.429 是为了与 l_{22} 尾数 0.571 合起来凑成整数)。

则 $h_{31}=2.429\times0.008=0.019\text{m}$。

◀ 3. 设计减速区第二、三坡段

设计 $l_{32}i_{32}$ 和 $l_{33}i_{33}$ 时应先计算这两个坡段的平均坡度。

$i_{均}=\dfrac{h_3-h_{31}}{l_3-l_{31}}=\dfrac{0.038-0.019}{193.155-2.429}=0.0001$，取 $i_{均}=0$。

取 $i_{32}=i_{33}=0‰$，

$$l_{32}=l_3-l_{31}=193.155-2.429=190.726\text{m}$$

七、计算结果

综上所述，该车站驼峰溜放部分纵断面设计方案如下。

$l_{11}=28.000$	$i_{11}=50‰$	$h_{11}=1.400$
$l_{12}=53.000$	$i_{12}=21‰$	$h_{12}=1.153$
$l_{13}=2.319$	$i_{13}=19‰$	$h_{13}=0.044$
$l_1=83.319$		$h'_1=2.557$
$l_{21}=66.681$	$i_{21}=19‰$	$h_{21}=1.267$
$l_{22}=20.571$	$i_{22}=8‰$	$h_{22}=0.165$
$l_2=87.252$		$h'_2=1.432$

$l_{31}=2.429$	$i_{31}=8‰$	$h_{31}=0.019$
$l_{32}+l_{33}=190.726$	$i_{32}=i_{33}=0$	$h_{32}=h_{33}=0$
$l_3=193.155$		$h_3=0.019$
$l_{41}=25$	$i_{41}=2.5‰$	$h_{41}=0.063$
$l_{42}=100$	$i_{42}=0.8‰$	$h_{42}=0.08$
$l_4=125$		$h_4=0.143$
$l_{计}=488.726\text{m}$		$h_{峰}=4.151\text{m}$

根据设计方案绘制纵断面图，如图 4-7 所示。

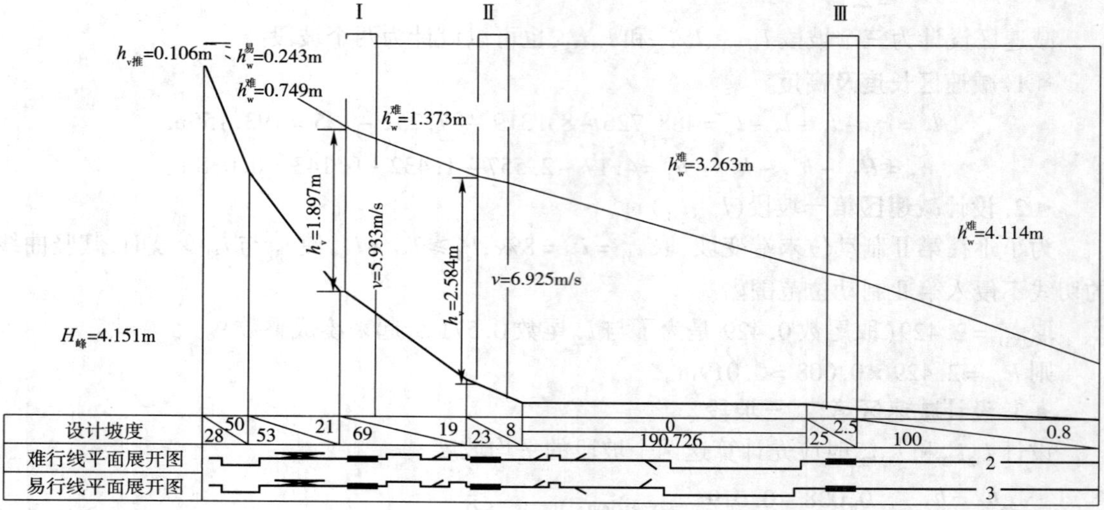

图 4-7　驼峰溜放部分纵断面

第五节　驼峰溜放部分纵断面设计的改造

目前，我国铁路货车中的滑动轴承车辆几乎全部被滚动轴承车辆代替，滚动轴承车辆占到 95% 以上。另外，货车车辆逐渐向大轴重、低自重、大容积的大型化方向发展。从 2004 年开始，23t 轴重的新型敞车 C_{70} 和 25t 轴重的 C_{80} 运煤专用货车分别在我国主要干线和大秦线上投入使用。23t 轴重货车将是我国未来铁路货运的主型车辆之一。该车载重与目前主要的 21t 轴重货车相比载重能力提高了 16.7%，达到 70t，自重为 23.6t，总重为 93.6t。

随着新型车辆的使用，依据《铁路驼峰及调车场设计规范》（TB 10062—1999）确定的驼峰峰高以及纵断面逐渐表现出不适应性，如由于峰高偏大，不得不降低推峰速度，导致作业效率低、作业安全性差及能耗高等问题。因此，本节总结一些学者的研究成果以及设计院的设计项目，介绍如何改造驼峰纵断面，以减小峰高。

一、计算车辆的确定

难行车为不满载的棚车 P_{50}，总重为 30t；易行车选取新型轴重为 23t 的敞车 C_{70}，总重为 93.6t。

二、峰高计算

1. 采用滚动轴承计算难行车的基本阻力

(1)计算回归单位基本阻力中值

$$
\begin{aligned}
w_{中}^{t} &= 2.401 - 0.01543t + 0.00017t^2 \\
&= 2.401 - 0.01543 \times (-15.6) + 0.00017 \times (-15.6)^2 \\
&= 2.683\text{N/kN}
\end{aligned}
$$

$$
\begin{aligned}
w_{\Delta} &= 0.015Q - 0.00008Qt - 0.32 + 0.002t \\
&= 0.015 \times 30 - 0.00008 \times 30 \times (-15.6) - 0.32 + 0.002 \times (-15.6) \\
&= 0.136\text{N/kN}
\end{aligned}
$$

$$
\begin{aligned}
w_{v} &= 0.1 \times (v_{车} - 2.82) \\
&= 0.1 \times (2.3 - 2.82) = -0.052\text{N/kN}
\end{aligned}
$$

(2)计算难行车单位基本阻力计算中值

$$w_{中} = w_{中}^{t} - w_{\Delta} + w_{v} = 2.683 - 0.136 - 0.052 = 2.495\text{N/kN}$$

(3)计算单位基本阻力标准差回归值

$$
\begin{aligned}
\sigma_{中} &= 0.539 - 0.0016t + 0.00002t^2 \\
&= 0.539 - 0.0016 \times (-15.6) + 0.00002 \times (-15.6)^2 \\
&= 0.564\text{N/kN}
\end{aligned}
$$

$$
\begin{aligned}
\sigma_{\Delta} &= 0.003Q + 0.00002Qt - 0.0004t - 0.063 \\
&= 0.003 \times 30 + 0.00002 \times 30 \times (-15.6) - 0.0004 \times (-15.6) - 0.063 \\
&= 0.024\text{N/kN}
\end{aligned}
$$

$$\sigma_{难} = \sigma_{中} - \sigma_{\Delta} = 0.564 - 0.024 = 0.54\text{N/kN}$$

(4)难行车单位基本阻力计算

$$w_{基}^{难} = w_{中}^{难} + 1.65\sigma_{难} + 0.39 = 2.495 + 1.65 \times 0.54 + 0.39 = 3.776\text{N/kN}$$

2. 计算峰高

$$
\begin{aligned}
H'_{峰} &= [L_{计}(w_{基}^{难} + w_{风}^{难}) + 8\sum\alpha + 24n] \times 10^{-3} + \frac{v_{挂}^2 - v_{推}^2}{2g'_{难}} \\
&= [488.729 \times (3.776 + 1.8971) + 8 \times 67.6633 + 24 \times 5.5] \times 10^{-3} \\
&= 3.445\text{m}
\end{aligned}
$$

3. 确定峰高

实际设计中，最终的峰高可以综合考虑滑动轴承车辆和滚动轴承车辆的情况，可以选取两个峰高值的加权平均值。这里，选择滚动轴承所得峰高，即 3.445m。

三、纵断面改造

1. 计算加速区高度

(1)计算易行车基本阻力

①计算回归单位基本阻力中值

$$w^{t}_{中} = 2.401 - 0.01543t + 0.00017t^2$$
$$= 2.401 - 0.01543 \times 27 + 0.00017 \times 27^2$$
$$= 2.1083\text{N/kN}$$

$$w_{\Delta} = 0.015Q - 0.00008Qt - 0.32 + 0.002t$$
$$= 0.015 \times 93.6 - 0.00008 \times 93.6 \times 27 - 0.32 + 0.002 \times 27$$
$$= 0.9358\text{N/kN}$$

$$w_{v} = 0.1 \times (v_{车} - 2.82)$$
$$= 0.1 \times (2.3 - 2.82) = -0.052\text{N/kN}$$

②计算难行车单位基本阻力计算中值

$$w_{中} = w^{t}_{中} - w_{\Delta} + w_{v} = 2.1083 - 0.9358 - 0.052 = 1.1205\text{N/kN}$$

③计算单位基本阻力标准差回归值

$$\sigma_{中} = 0.539 - 0.0016t + 0.00002t^2$$
$$= 0.539 - 0.0016 \times 27 + 0.00002 \times 27^2$$
$$= 0.51038\text{N/kN}$$

$$\sigma_{\Delta} = 0.003Q + 0.00002Qt - 0.0004t - 0.063$$
$$= 0.003 \times 93.6 + 0.00002 \times 93.6 \times 27 - 0.0004 \times 27 - 0.063$$
$$= 0.2569\text{N/kN}$$

$$\sigma_{易} = \sigma_{中} - \sigma_{\Delta} = 0.51038 - 0.2569 = 0.2535\text{N/kN}$$

④易行车单位基本阻力计算

$$w^{易}_{基} = w^{易}_{中} - 1.65\sigma_{易} + 0.39 = 1.1205 - 1.65 \times 0.2535 + 0.39 = 1.092\text{N/kN}$$

(2)易行车单位基本阻力与单位风阻力之和

风阻力按零计算。由此可得易行车在溜车有利条件下单位基本阻力与单位风阻力的之和

$$w^{易}_{基} + w^{易}_{风} = 1.092 + 0 = 1.092\text{N/kN}$$

(3)加速区高度计算

$$h_1 = [L_{计}(w^{易}_{基} + w^{易}_{风}) + 8\sum\alpha + 24n] \times 10^{-3} + h^{易}_{v\max} - h^{易}_{推}$$
$$= [83.319 \times 1.092 + 8 \times 14.55 + 24 \times 1.5] \times 10^{-3} + \frac{7^2}{2 \times 9.61} - \frac{1.944^2}{2 \times 9.61}$$
$$= 2.596\text{m}$$

2. 纵断面改造

(1)加速区改造

加速区设计为两个坡段,即 $l_{11}i_{11}$ 和 $l_{12}i_{12}$。

加速区第一坡段,设 $i_{11} = 50‰$,取 $l_{11} = 28\text{m}$。

$$h_{11} = i_{11}l_{11} = 0.050 \times 28 = 1.4\text{m}$$

$$i_{12}=\frac{2.596-1.4}{83.319-28}\times 1000=21.6‰$$

(2)高速区、减速区改造

高速区设计为2个坡段。高速区第一、二坡段的变坡点取在Ⅰ制动位后。并且高速区第二坡段与减速区第一坡段合并，$l'_{22}=l_{22}+l_{31}=28+53+69+23-P_{\xi}=72.701\text{m}$。为避免变坡点设在直线与曲线的交点处，$l'_{22}$取为70m。

为避免车辆在溜放过程中频繁变坡而造成动能损失，将加速坡第二坡段与高速坡第一坡段进行合并，则有

$$l'_{12}=l_{12}+l_{21}=28+53+69+23-28-70=75\text{m}$$

为保证易行车速度不至于加速过快，难行车可以高速运行，高速区第一坡段坡度取为19‰，即有 $i_{12}=i_{21}=19‰$；第二坡段坡度取为8‰，即有 $i_{22}=i_{31}=8‰$。

$$h_{12}+h_{21}=l'_{12}\times i_{21}=75\times 0.019=1.425\text{m}$$
$$h_{22}+h_{31}=l'_{22}\times i_{22}=70\times 0.008=0.56\text{m}$$

减速区第二坡段高差为

$$h_{32}=H_{峰}-h_{11}-(h_{12}+h_{21})-(h_{22}+h_{31})=3.445-1.4-1.425-0.56=0.06\text{m}$$

坡度为

$$i_{32}=\frac{h_{32}}{l_{32}}=\frac{0.06}{190.726}\times 1000=0.3‰$$

改造完成。

改造后的纵断面如图4-8所示。

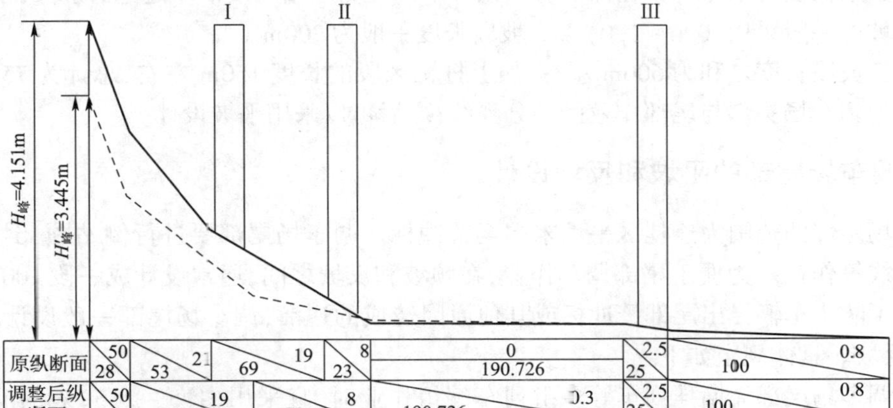

图4-8 峰高调整前后纵断面变化示意图

需要说明的是，上述的调整方案仅针对示例中的驼峰纵断面。在实际设计中，驼峰纵断面的调整应根据溜放车辆情况和既有驼峰纵断面情况进行。调整后的驼峰纵断面合理与否需要进行能耗以及推峰速度、车辆溜放间隔的检算等。

第六节 调车场纵断面设计

调车场纵断面主要包括连挂区(Coupling Zone)和尾部停车区坡段(Tail Counter Grade)。

一、连挂区设计

连挂区为车辆集结的地段，设有减速顶群。连挂区一般设为前陡后缓多坡段的纵断面，连挂区的坡度使车辆加速，减速顶使车辆减速，二者相互配合，可以保证车辆经过打靶区后，低速进入连挂区，以不大于容许值的连挂速度继续前进，与停留车辆安全连挂。

连挂区的坡段一般设为第一布顶区、第二布顶区和无顶连挂区。

第一布顶区是所有钩车都能溜经的区域，为排空区域。因此，这一段的坡度值以难行车在冬季的溜放阻力当量坡度值为宜。但是，如果要按冬季最溜车不利条件下难行车的阻力设计，这个坡度将高达4‰以上，这样易行车和中行车的能量损失很大，大部分位能被顶的制动功吸收了，不仅增加了工程费、运营费和维修费，而且也恶化了运营条件。而且大多数现有站场不具备提供这种纵断面的条件，即使新站场，按照这种坡度设计也是十分不经济的。坡度越大，则布顶越多。故这段坡一般取难行车在0℃左右的阻力值的当量坡度，即(2.3～3.2)‰。这段坡的坡长也不宜过大，一般取200m。

第二布顶区，通常是难行车在冬季无法靠自身位能达到的区域，通过这一地区的只有易行车和中行车。应使大量中行车顺利通过该区域。因此，这一段线路的坡度按中行车在溜车不利条件下的阻力当量坡度设计，一般为(1.7～2.2)‰，坡长不宜短于200m。无论是第一布顶区还是第二布顶区，布顶数均按夏季溜车有利条件下的易行车运行要求布置。

无顶连挂区是靠近调车场后部的范围，一般只有易行车可以达到。这一地区不布顶，因此其纵断面必须保证夏季易行车在溜车有利条件下的阻力当量坡度。不超速，而尽可能溜得远。这一地区坡度一般采用(0.6～1.0)‰。坡段长度一般为200m。

上述三坡段长度之和为600m左右，加上打靶区段的长度150m左右，总计为750m左右。该长度接近调车场头部与尾部作业区的分界线，之后可以采用平坡设计。

二、调车场尾部的平坡和反坡设计

调车场尾部的范围为连挂区平坡末端至警冲标。调车场尾部要进行倒站顺、倒隔离以及牵出线转线等作业。为便于尾部调车作业，在顺坡和反坡之间，通常设计成一段100m左右的平坡。为了防止车辆冒出尾部警冲标或其他原因造成的逸溜，调车场尾部一般设计成不大于2.5‰的反坡。具体规定如下：

①当调车场尾部无摘挂列车等多组列车编组作业时，宜采用(1.5～2.5)‰的反坡，高差不宜小于0.3m，困难条件下不应小于0.2m。

②当调车场尾部办理摘挂列车等多组列车编组作业，但没有单组线束办理时，为加快车辆的溜放速度，该反坡的坡度值可以达到4‰，但应保证牵出列车在任何地段停车后能够起动。

对于调车场尾部设有单组线束办理摘挂列车等多组列车编组作业的情况，有以下规定：

①该线束道岔区的平均坡度不宜大于2.5‰，边缘线路的坡度不应大于3.5‰。在道岔集中地段，其坡度不宜小于1.5‰，以避免车辆在道岔区内减速过快，停在道岔区影响作业的安全。

②其尾部有效控制长度内的坡度：

a. 采用平面牵出线、坡度牵出线或小能力驼峰调速系统方式时，在有效控制长度(一般为

300~500m)内可按中行车和易行车的当量坡度设计成丙坡段,保证中行车冬季溜行一定远度,易行车夏季不超速。

b. 采用平面调车与可控调速方式时,在尾部有效长度内,坡度按该系统要求设计。

调车场尾部设有辅助调车场时,纵断面可按照车场内相应的调速方式设计。

例 4-1 某驼峰调车场尾部要设一个停车反坡,已知夏季易行车总阻力为 $w_Y=1.2\text{N/kN}$,单个易行车长度为 $l_Y=15\text{m}$,反坡坡度为 $i=1.5‰$,要求使 5 个车组成的大车组以安全连挂速度 $v_g=1.4\text{m/s}$,进入反坡区之后在末端停车,那么这个反坡区的长度是多少?

解:设反坡区长度为 $l_{反}$,单个车以安全连挂速度经反坡溜行距离 l 后停车,则

$$l_{反}=l+5l_Y$$

$$\frac{v_g^2}{2g'_Y}=w_Y l\times10^{-3}+il\times10^{-3}$$

$$l=\frac{v_g^2\times10^3}{2g'_Y(w_Y+i)}$$

$$=\frac{1.4^2\times10^3}{2\times9.61\times(1.5+1.2)}=37.8\text{m}$$

$$l_{反}=l+5l_Y=37.8+5\times15=112.8\text{m}$$

因此,在设计时可取反坡长度为 120m。

思考与练习题

4-1 驼峰推送部分设计压钩坡的作用是什么?

4-2 驼峰纵断面根据什么进行设计?

4-3 点连式调速系统的驼峰溜放部分纵断面设计有哪几个坡段?设计思想是什么?

4-4 某驼峰峰下第一加速坡段坡长为 32m,坡度为 40‰。已知夏季易行车总阻力为 0.8N/kN,冬季难行车总阻力为 4.0N/kN,试画出在推峰速度为 1.4m/s 时,从峰顶至该坡段末端的冬季难行车和夏季易行车的能高线图。

4-5 某点连式顶峰,第Ⅱ制动位减速器出口速度设定为 3.5m/s,误差 $\Delta v=0.14\text{m/s}$,冬季难行车总阻力为 4.0N/kN,夏季易行车总阻力为 0.9N/kN,采用平坡打靶,采取什么措施才能保证难行车能够溜至打靶区的末端,同时易行车溜至打靶区末端的速度达到安全连挂速度?

4-6 目前我国减速器控制精度能够达到的最低速度为 $v_{min}=0.83\text{m/s}$,当打靶区的坡度大于夏季易行车总阻力而小于冬季难行车总阻力时,要求确定打靶区的合理坡度值及打靶区长度。要求满足如下条件(Δv 为控制误差):

①夏季易行车以允许的最低出口速度 $v_{min}+\Delta v$(防止发生 $+\Delta v$)离开减速器,产生正误差($+\Delta v$)时,溜行至打靶区末端的速度不大于安全连挂速度。

②冬季难行车以允许的最高出口速度 $v_{min}-\Delta v$(防止发生 $+\Delta v$)离开减速器,产生正误差($+\Delta v$)时,到达打靶区末端的速度不大于安全连挂速度,产生负误差($-\Delta v$)时,能溜至打靶区末端。

4-7 应用上题结论,已知 $v_{min}=0.83\text{m/s}$,$\Delta v=0.14\text{m/s}$,$v_{挂}=1.4\text{m/s}$,$w_{易}^{夏}=0.9\text{N/kN}$,

$w^{冬}_{难}=4.0\text{N/kN}$，$Q_{难}=300\text{kN}$，$Q_{易}=800\text{kN}$，计算打靶区的合理坡度值及坡段长度。

4-8　图4-9所示为新建点连式驼峰调车场纵断面设计的三种不同方案，从布顶数、连挂率和驼峰能力三个方面分别进行比较。

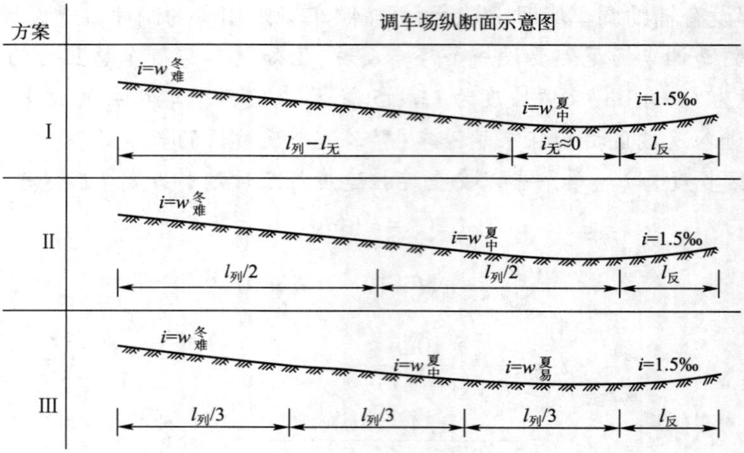

图4-9　调车场纵断面三个设计方案示意图

4-9　计算点连式驼峰的峰高，已知资料如下：

①峰顶至打靶区末端502.232m，至车场减速器出口377.232m。

②难行线道岔总数$n=6$，道岔和曲线转角77.8°。

③冬季溜车不利条件下：$t=-18℃$，$v_{风}=6.5\text{m/s}$，$v_{车}=4.0\text{m/s}$，$\beta=20°$，难行车$Q_{难}=300\text{kN}$。分别计算滑动轴承和滚动轴承情况下的峰高，并确定合理峰高。

◁第五章　驼峰调速设备的设置

◀ 第一节　制动位级数及位置的设置

驼峰溜放部分的制动位根据调车场线路数量、长度、峰高、作业量等情况可以设置一级制动位、二级制动位和三级制动位。调车场线路数量在16条及以上的驼峰，当峰高较小，调车作业量小，驼峰溜放部分的线路长度短，需要较小的制动力时，可以选择一级制动位。调车场线路数量在24条及以上的驼峰应设置二级制动位，可以有效解决间隔制动和目的制动的矛盾。自动化/半自动斜杠大、中能力驼峰，为提高解体能力，可以设置三级制动位。目前，国内外大、中能力驼峰均采用三级制动。

采用一级制动时，制动位一般控制6~8条调车线，也可以控制3~4条调车线。前者需要的减速器数量较少，但是控制线路数量多，间隔调速和目的调速的矛盾较大。后者需要的减速器数量相对较多，但控制的线路数量少，间隔调速和目的调速的矛盾较小。如果溜放部分较短且气候条件好(我国长江以南)，也可将第Ⅰ制动位设于每条调车线始端，这样溜放效率最高，但需要的减速器数量最多，且要考虑减速器的控制方式。

采用二级制动时，第Ⅰ制动位设在第一分路道岔和第二分路道岔之间，进行间隔制动。第Ⅱ制动位设在每个线束之前，以目的制动为主，必要时进行间隔制动。

采用三级制动时，第Ⅲ制动位一般设在每条调车线的头部，距离警冲标不小于70m。其中，第Ⅰ制动位和第Ⅱ制动位起间隔制动的作用，第Ⅲ制动位进行目的制动。

◀ 第二节　驼峰减速器制动能高的设置

一、二级制动位减速器制动能高的设置

在大、中能力驼峰溜放部分线路上，可设二级间隔制动位，小能力驼峰溜放部分线路上也可不设间隔制动位。溜放部分的间隔制动采用车辆减速器。在调车场部分线路上设一级减速器和减速顶，共同完成目的调速任务，该减速器的有效制动能高不宜小于1.3m。

设二级间隔制动位时，第Ⅰ部位减速器设在第一分路道岔后适当地点，第Ⅱ部位减速器设在线束道岔前。设一级间隔制动位时，减速器设在线束道岔前。

◀ 1. 总制动能高的计算

设二级制动的驼峰，溜放部分间隔调速的减速器总制动能力应使易行车在夏季溜车有利

条件下,经过第Ⅰ、Ⅱ制动位全部制动后,能将易行车夹停。制动能高可按下式计算

$$H_{制} = H_{峰} + h_{推}^{易} - h_{w}^{易} - H_{制末} \tag{5-1}$$

其中

$$h_{w}^{易} = [L_{制末}(w_{基}^{易} \pm w_{风}^{易}) + 8\sum\alpha + 24n] \times 10^{-3}$$

$$H_{制末} = l_{岔区} i_{岔区}$$

式中:$H_{制}$——计算制动能高,m;

$h_{推}^{易}$——峰顶初始动能高,推峰速度取 1.944m/s;

$h_{w}^{易}$——易行车阻力能高,m/s^2;

$H_{制末}$——第Ⅱ制动位有效长度末端与计算点之间的高差,m;

$\sum\alpha$——峰顶到第Ⅱ制动位有效长度末端范围内的曲线和道岔转角总和,度;

n——峰顶到第Ⅱ制动位有效长度末端范围内的道岔总数;

$L_{制末}$——峰顶到第Ⅱ制动位有效长度末端的距离,m;

$w_{基}^{易}$、$w_{风}^{易}$——溜车有利条件下易行车的单位基本阻力和风阻力,N/kN;

$l_{岔区}$——第Ⅱ制动位有效长度末端到计算点的距离,m;

$i_{岔区}$——道岔区的平均坡度,一般不大于 2.5‰。

◄ 2. 二级制动位分配原则

采用二级制动位时,总制动能力需要按以下原则进行分配:

①为保证第Ⅰ部位减速器的维修与运营同时进行,应设两台减速器,每台减速器的制动能高应保证在夏季溜车有利条件下,易行车以减速器允许的最大入口速度进入减速器,经全力制动后,进入第Ⅱ部位的速度,不大于允许的最大入口速度。

②第Ⅱ部位应设两台减速器,应保证在夏季溜车有利条件下,以最大入口速度进入减速器,经全力制动后,进入易行线减速器的速度不大于其制动能高(1.3m 以上)要求的最大入口速度(保证速度降到安全连挂速度)。

为了应付突然不利的因素,第Ⅱ部位减速器制动能高:对于 24 条调车线的调车场不应小于 T · JK4 +4 节的制动能高;对于 36 条调车线的调车场,不应小于 T · JK5 +5 节的制动能高。

◄ 3. 第Ⅱ制动能高的计算

第Ⅱ制动位分配的能高越大越好,以满足间隔和目的双重功能的实施。能高计算如下

$$H_{制}^{Ⅱ} = h_{vmax} + h_{减} + H_{制末} - h_{w}^{中} - h_{挂}$$

$$= \frac{v_{max}^2}{2g'} + l_{减} i_{减} + l_{岔区} i_{岔区} - [(l_{减} + l_{岔区})(w_{基}^{中} \pm w_{风}^{中}) + 8\sum\alpha + 24n] \times 10^{-3} - \frac{v_{挂}^2}{2g'} \tag{5-2}$$

式中:h_{vmax}——车辆到达第Ⅱ制动位有效制动长度始端的最大动能高,m;

$h_{减}$——第Ⅱ制动位有效制动长度的高差,m;

$H_{制末}$——第Ⅱ制动位制动位有效制动长度末端到计算点的高差,m;

$h_{w}^{中}$——中行车在溜车有利条件下由第Ⅱ制动位有效制动长度始端到计算点所消耗的能高,m;

$h_{挂}$——车辆溜到计算点时的动能高(不应超过连挂速度),m;

$l_{减}$、$i_{减}$——第Ⅱ制动位有效制动长度,m;所在坡度值,‰;

$w_{基}^{中}$、$w_{风}^{中}$——溜车有利条件下中行车的单位基本阻力和风阻力,N/kN;

$\sum\alpha$——峰顶到第Ⅱ制动位有效长度末端范围内的曲线和道岔转角总和，度；

n——峰顶到第Ⅱ制动位有效长度末端范围内的道岔总数。

4. 第Ⅰ制动位能高的计算

第Ⅰ制动位能高的计算公式如下

$$H_{制}^{\mathrm{I}} = H_{制} + \Delta h_{制} - H_{制}^{\mathrm{II}} \tag{5-3}$$

计算所得的值如果不等于减速器节数的能高，则可以凑成整节数，取大于 $H_{制}^{\mathrm{I}}$ 的值。

二、点连式驼峰三级制动位减速器能高的计算及分配

对于点连式三级制动调速系统，溜放部分设置的减速器数量与各级制动位所需制动能力有关。计算方法是首先计算所需总制动能力，而后将总制动能力依次分配到第Ⅰ制动位和第Ⅲ制动位，最后分配到第Ⅱ制动位，从而确定出各制动位所需减速器数量，如图 5-1 所示。

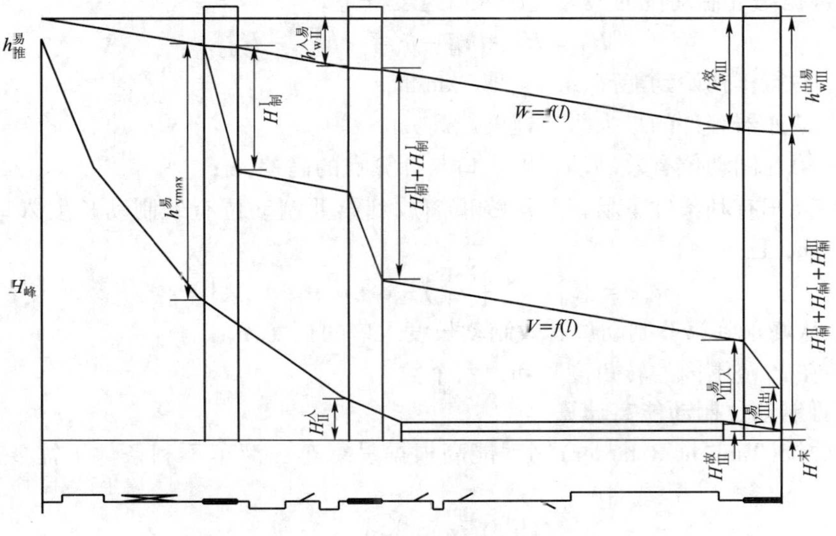

图 5-1　三级制动力能高计算示意图

1. 总制动能高计算

三级制动位的总制动能高应满足易行车在溜车有利条件下经过三级全部制动后能在第Ⅲ制动位末端停车，根据能量守恒定律，有

$$H_{制}^{总} = H_{峰} + h_{推}^{易} - h_{\mathrm{w}\mathrm{III}}^{出易} - H_{末} \tag{5-4}$$

其中

$$H_{末} = l_{靶}\, i_{靶} + (l_{R} + l_{过} + 3.0)\, i_{制}^{\mathrm{III}} \tag{5-5}$$

$$h_{\mathrm{w}\mathrm{III}}^{出易} = [\, l_{\mathrm{III}}^{出}(w_{基}^{易} + w_{风}^{易}) + 8\sum\alpha + 24n \,] \times 10^{-3} \tag{5-6}$$

式中：$h_{推}^{易}$——易行车初始动能高，m，$v_{推}$ 取 7km/h；

$H_{末}$——第Ⅲ制动位有效制动长度出口与打靶区末端的高差，m；

$H_{峰}$——峰顶到计算点之间的高差，m；

$h_{\mathrm{w}\mathrm{III}}^{出易}$——易行车在溜车有利条件下从峰顶溜到第Ⅲ制动位有效制动长度出口的阻力能高，m；

$l_{靶}$——打靶长度,m;

$i_{靶}$——$l_{靶}$ 范围内的坡度,‰;

l_{R}——制动位两端喇叭口的长度,m;

$l_{过}$——过渡道床的长度,m ;

$i_{制}^{Ⅲ}$——第Ⅲ制动位的坡度,‰;

$l_{Ⅲ}^{出}$——从峰顶到第Ⅲ制动位有效制动长度出口的长度,m;

$w_{基}^{易}$、$w_{风}^{易}$——易行车在溜车有利条件下的单位基本阻力和风阻力,N/kN;

$\sum\alpha$、n——在 $l_{Ⅲ}^{出}$范围内的转角度数和道岔个数。

◀ 2. 第Ⅰ制动位制动能高计算

第Ⅰ制动位(Master Retarder)所需制动能高满足易行车在溜车有利条件下,从峰顶溜到第Ⅰ制动位有效制动长度入口的速度不超过减速器最大入口速度 7m/s。易行车在第Ⅰ制动位出口速度应根据第Ⅱ制动位的最大允许入口速度确定。

$$H_{制}^{Ⅰ} = H_{峰} + h_{推}^{易} - h_{wⅡ}^{入易} - h_{vmax}^{易} - H_{Ⅱ}^{入} \tag{5-7}$$

式中:$h_{推}^{易}$——易行车初始动能高,m,$v_{推}$ 取 7km/h;

$h_{vmax}^{易}$——减速器容许的最大入口速度能高,m;

$H_{Ⅱ}^{入}$——第Ⅱ制动位有效制动长度入口与计算点的高差,m;

$h_{wⅡ}^{入易}$——溜车有利条件下易行车从峰顶溜放到第Ⅱ制动位有效制动长度入口的阻力高,m, 且

$$h_{wⅡ} = [\,l_{Ⅱ}^{入}(w_{基}^{易} + w_{风}^{易}) + 8\sum\alpha + 24n\,] \times 10^{-3} \tag{5-8}$$

式中:$l_{Ⅱ}^{入}$——从峰顶到第Ⅱ制动位有效制动长度入口的长度,m;

$\sum\alpha$、n——在 $l_{Ⅱ}^{入}$范围内的转角度数和道岔个数。

◀ 3. 第Ⅲ制动位制动能高计算

第Ⅲ制动位(Tangent Retarder)制动能高根据易行车在溜车不利条件下需要的能高来确定。有

$$H_{制}^{Ⅲ} = \frac{(v_{Ⅲ入}^{易})^2 - (v_{Ⅲ出}^{易})^2}{2g'_{易}} - h_{wⅢ}^{效} + H_{Ⅲ}^{效} \tag{5-9}$$

式中:$v_{Ⅲ入}^{易}$——溜车不利条件下易行车在第Ⅲ制动位有效制动长度入口的速度,m/s;

$v_{Ⅲ出}^{易}$——溜车不利条件下易行车在第Ⅲ制动位有效制动长度出口的速度,m/s;

$h_{wⅢ}^{效}$——溜车不利条件下车辆从第Ⅲ制动位有效制动长度入口到出口损失的阻力高,m;

$H_{Ⅲ}^{效}$——第Ⅲ制动位有效制动长度入口与出口的高差,m。

式(5-9)中涉及两个参数:易行车在第Ⅲ制动位有效制动长度入口的速度 $v_{Ⅲ入}^{易}$和出口的速度 $v_{Ⅲ出}^{易}$。

易行车在第Ⅲ制动位有效制动长度的入口速度和出口速度为

$$v_{Ⅲ入}^{易} = \sqrt{2g_{易}\, l_{岔}(i_{岔} - w_{岔}^{易}) \times 10^{-3} + (v_{岔}^{易})^2} \tag{5-10}$$

$$v_{Ⅲ出}^{易} = \sqrt{2g_{易}\, l'_{靶}(w_{靶}^{易} - i'_{靶}) \times 10^{-3} + v_{挂}^2} \tag{5-11}$$

式中:$l_{岔}$——从最后分路道岔中心到第Ⅲ制动位有效制动长度入口的距离,m;

$i_{岔}$——$l_{岔}$ 范围内的坡度,‰;

$w_{岔}^{易}$——溜车不利条件下易行车在 $l_{岔}$ 范围内的单位总阻力，N/kN；

$l'_{靶}$——从第Ⅲ制动位有效制动长度出口到打靶区末端的距离，m；

$i'_{靶}$——$l'_{靶}$范围内的平均坡度，‰；

$v_{挂}$——钩车的安全连挂速度，m/s；

$w_{靶}^{易}$——溜车不利条件下易行车在 $l'_{靶}$范围内的单位总阻力，N/kN；

$v_{岔}^{易}$——易行车在最后分路道岔的过岔速度，m/s。

式(5-10)及(5-11)中涉及的参数 $v_{岔}^{易}$、$w_{岔}^{易}$、$w_{靶}^{易}$计算如下，其余参数可以从纵断面图和平面图中选取。

(1) $v_{岔}^{易}$的计算

为保证作业安全和效率，应使溜车不利条件下易行车在最后分路道岔的过岔速度和难行车的过岔速度相等，有

$$v_{岔}^{易} = v_{岔}^{难} \tag{5-12}$$

难行车的过岔速度用下式可以近似求出：

$$v_{岔}^{难} = \sqrt{2g'_{难} l'_{岔}(i'_{岔} - w_{总}^{难}) \times 10^{-3} + v_{31}^2} \tag{5-13}$$

其中

$$w_{总}^{难} = w_{基}^{难} + w_{风}^{难} + \frac{8\sum\alpha + 24n}{l_{岔}} \tag{5-14}$$

$$v_{31} = \sqrt{2g'_{难}(H_{峰} + h_{推}^{难} - h_{w31}^{难} - h_{31})} \tag{5-15}$$

式中：$l'_{岔}$——从第Ⅱ制动位后面的变坡点到最后分路道岔中心的长度，m；

$i'_{岔}$——$l_{岔}$ 范围内的坡度，‰；

$w_{总}^{难}$——溜车不利条件下难行车通过 $l'_{岔}$ 的单位总阻力，N/kN；

v_{31}——难行车在第Ⅱ制动位后面变坡点处的速度，m/s；

$\sum\alpha$、n——$l'_{岔}$ 范围内的转角度数和道岔个数。

h_{31}——l_{31} 坡段的末端与计算点的高差，m；

$h_{w31}^{难}$——溜车不利条件下难行车从峰顶溜到 l_{31} 坡段末端的阻力高，m，且

$$h_{w31}^{难} = [l_{31}(w_{基}^{难} + w_{风}^{易}) + 8\sum\alpha + 24n] \times 10^{-3} \tag{5-16}$$

式中：l_{31}——从峰顶到 l_{31} 坡段末端的长度，m。

计算出难行车的过岔速度，还应进一步检查该速度是否满足要求，即难行车最后分路道岔的过岔速度不应小于最小过岔速度。最小过岔速度应保证在 7km/h 的推峰速度下，前后钩车以 N-Y-N 顺序溜放时在最后分路道岔处有足够的间隔时间，即

$$t_{隔} \geqslant \Delta t + t_{继} + t_{占} \tag{5-17}$$

因为

$$t_{隔} = \frac{l_{难} + l_{易}}{2v_{推}} \tag{5-18}$$

$$t_{占岔} = \frac{l_{绝} + B_{难}}{v_{岔}} \tag{5-19}$$

将 $t_{隔}$、$t_{占岔}$代入式(5-17)，有

$$v_{岔}^{难} = \frac{2v_{推}(l_{绝} + B_{难})}{l_{难} + l_{易} - 2v_{推}(\Delta t + t_{继})} \tag{5-20}$$

式中：$l_{绝}$——最后分路道岔绝缘段的长度，m；

$l_{难}$、$l_{易}$——难、易行车的长度，m；

$B_{难}$——难行车的外轴距，m；

$t_{继}$——继电器的吸起时间，s。

$v_{推}=1.944\text{m/s}$，$l_{绝}=14.078\text{m}$，$B_{难}=11.580\text{m}$，$l_{难}=14.008\text{m}$，$l_{易}=13.438\text{m}$，$\Delta t=1.2\text{s}$，$t_{继}=0.5\text{s}$，则有

$$v_{岔\min}^{难}=\frac{2\times1.944\times(14.078+11.580)}{14.008+13.438-2\times1.944\times(1.2+0.5)}=4.788\text{m/s}$$

可知，要保证7km/h的推峰解体速度，难行车在溜车不利条件下通过最后分路道岔的速度应满足 $v_{岔}^{难}\geqslant4.788\text{m/s}$。

(2) $w_{岔}^{易}$ 的计算

$w_{岔}^{易}$ 的计算公式为

$$w_{总}^{易}=w_{基}^{易}+w_{风}^{易}+\frac{8\sum\alpha+24n}{l_{岔}} \tag{5-21}$$

式中：$\sum\alpha$、n——$l_{岔}$ 范围内的转角度数和道岔个数。

(3) $w_{靶}^{易}$ 的计算

打靶区范围内没有曲线和道岔，只存在基本阻力和风阻力，溜放速度较小，与溜放部分不同。因此，单独计算溜放不利条件下易行车(滚动轴承)的基本阻力和风阻力。

4. 第Ⅱ制动位制动能高计算

第Ⅱ制动位(Group Retarder)制动能高为总制动能高与第Ⅰ和第Ⅲ制动能高的差值。即

$$H_{制}^{\text{II}}=H_{制}^{总}-H_{制}^{\text{I}}-H_{制}^{\text{III}} \tag{5-22}$$

计算所得的第Ⅱ制动位能高必须保证易行车在溜车有利条件下，以减速器最大允许入口速度进入第Ⅱ制动位，经全部制动后，溜至易行线第Ⅲ制动位入口的速度不超过最大允许入口速度。

5. 各级制动位减速器的节数计算

确定减速器节数时，应根据需要进行计算，并应根据不同设备的要求，另加安全余量。

$$H_{\text{d}}=H_{\text{z}}(1+\alpha) \tag{5-23}$$

$$m=\frac{H_{\text{d}}}{h_{制}}$$

式中：H_{d}——设计的制动能高，m；

H_{z}——计算的制动能高，m；

α——安全余量系数，T·JK型减速器为0.1~0.15，T·JY型减速器为0.2~0.3。

$h_{制}$——减速器单位制动能高，m；

m——所需减速器节数。

三、示例计算

依据第四章第四节设计得到的驼峰溜放部分纵断面(图4-7)，确定其所需要的减速器制动能高及节数。

1. 计算总制动能高 $H_{制}^{总}$

$$H_{制}^{总}=H_{峰}+h_{推}^{易}-h_{w\text{Ⅲ}}^{出易}-H_{末}$$

$$H_{峰}=4.151\text{m}$$

$$h_{推}^{易}=\frac{v_{推}^{2}}{2g'_{易}}=\frac{1.944^{2}}{2\times9.6}=0.1968\text{m}$$

$$\begin{aligned}H_{末}&=l_{靶}\cdot i_{靶}+(l_{R}+l_{过}+3.0)\cdot i_{制}^{3}\\&=100\times0.8‰+(0.58+2.3+3.0)\times0.0025\\&=0.0947\text{m}\end{aligned}$$

$$w_{基}^{易}=0.6+0.4=1.0\text{N/kN}$$

$$\begin{aligned}w_{风}^{易}&=\frac{0.063f\cdot c_{x1}/c_{x0}}{Q\times\cos^{2}\alpha}(v_{c}+v_{f}\cos\beta)^{2}\\&=\frac{0.063\times10.01\times1}{80}\times4.5^{2}=0.1596\text{N/kN}\end{aligned}$$

$l_{\text{Ⅲ}}^{出}=379.226\text{m}$，　$n=5.5$，得

$$\begin{aligned}h_{r\text{Ⅲ}}^{出易}&=[l_{\text{Ⅲ}}^{出}(w_{基}^{易}+w_{风}^{易})+8\sum\alpha+24n]\times10^{-3}\\&=[379.226\times(1+0.1596)+8\times67.6633+24\times5.5]\times10^{-3}\\&=1.113\text{m}\end{aligned}$$

$$H_{制}^{总}=4.151+0.1968-1.101-0.0947=3.140\text{m}$$

2. 计算第Ⅰ制动位能高

$$H_{制}^{\text{Ⅰ}}=H_{峰}+h_{推}^{易}-h_{w\text{Ⅱ}}^{入易}-h_{v\max}^{易}-H_{\text{Ⅱ}}^{入}$$

$$h_{推}^{易}=0.1968\text{m}$$

$$\begin{aligned}h_{w\text{Ⅱ}}^{入易}&=[l_{\text{Ⅱ}}^{入}(w_{基}^{易}+w_{风}^{易})+8\sum\alpha+24n]\times10^{-3}\\&=[152.571\times(1+0.1596)+8\times27.74+24\times2.5]\times10^{-3}\\&=0.459\text{m}\end{aligned}$$

$$h_{v\max}^{易}=\frac{7^{2}}{2\times9.6}=2.552\text{m}$$

$$H_{\text{Ⅱ}}^{入}=0.1609\text{m}$$

$$H_{制}^{\text{Ⅰ}}=4.151+0.1968-0.459-2.552-0.1609=1.176\text{m}$$

3. 计算第Ⅲ制动位能高

$$H_{制}^{\text{Ⅲ}}=\frac{(v_{\text{Ⅲ}入}^{易})^{2}-(v_{\text{Ⅲ}出}^{易})^{2}}{2g'_{易}}-h_{w\text{Ⅲ}}^{效}+H_{\text{Ⅲ}}^{效}$$

按照以下步骤计算各有关参数。

(1)计算溜车不利条件下难行车在最后分路道岔的过岔速度 $v_{岔}^{难}$

$$v_{岔}^{难}=\sqrt{2g'_{难}\,l'_{岔}(i'_{岔}-w_{总}^{难})\times10^{-3}+v_{31}^{2}}$$

$$l'_{岔}=P_{19}-P_{14}-l_{31}=240.300-170.571-2.429=67.300\text{m}$$

$$i'_{岔}=i_{32}=0$$

$$w_{总}^{难}=w_{基}^{难}+w_{风}^{难}+\frac{8\sum\alpha+24n}{l'_{岔}}$$

$$=5.2585+1.8971+\frac{8\times 11.05+24\times 2}{67.300}$$

$$=9.1823\text{m}$$

$$v_{31}=\sqrt{2g'_{难}(H_{峰}+h_{推}^{难}-h_{w31}^{难}-h_{31})}$$

其中

$$h_{w31}^{难}=[l'_{31}(w_{基}^{难}+w_{风}^{难})+8\sum\alpha+24n]\times 10^{-3}$$

$$=[173\times(5.2585+1.8971)+8\times 23.01+24\times 2.5]\times 10^{-3}$$

$$=1.482\text{N/kN}$$

$$l'_{31}=P_{14}+l_{31}=170.571+2.429=173.000\text{m}$$

$$h_{31}=h_4+h_{32}=0.143+0=0.143\text{m}$$

$$v_{31}=\sqrt{2\times 9.28(4.151+0.106-1.482-0.143)}=6.989\text{m/s}$$

$$v_{岔}^{难}=\sqrt{6.989^2+2\times 9.28\times 67.3\times 10^{-3}\times(0-9.1823)}=6.114\text{m/s}$$

(2)确定溜车不利条件下易行车在最后分路道岔的过岔速度 $v_{岔}^{易}$

$$v_{岔}^{易}=v_{岔}^{难}=6.114\text{m/s}$$

(3)计算溜车不利条件下易行车在第Ⅲ制动位有效制动长度入口的速度 $v_{Ⅲ入}^{易}$

易行车溜车不利条件下基本阻力：$w_{基}^{易}=1.26\text{N/kN}$，$w_{风}^{易}=0.564\text{N/kN}$

$$v_{Ⅲ入}^{易}=\sqrt{2g_{易}\,l_{岔}(i_{岔}-w_{岔}^{易})\times 10^{-3}+(v_{岔}^{易})^2}$$

其中

$$l_{岔}=123.426,i_{岔}=0,\sum\alpha=27.315°,n=1。$$

溜车不利条件下

$$w_{总}^{易}=w_{基}^{易}+w_{风}^{易}+\frac{8\sum\alpha+24\times 1}{l_{岔}}$$

$$=1.26+0.564+\frac{8\times 27.315+24\times 1}{123.426}=3.789\text{N/kN}$$

$$v_{岔}^{易}=v_{岔}^{难}=6.114\text{m/s}$$

$$v_{Ⅲ入}^{易}=\sqrt{6.114^2+2\times 9.6\times 123.426\times(0-3.789)\times 10^{-3}}$$

$$=5.329\text{m/s}$$

(4)计算溜车不利条件下易行车在第Ⅲ制动位有效制动长度出口的速度 $v_{Ⅲ出}^{易}$

$$v_{Ⅲ出}^{易}=\sqrt{2g_{易}\,l'_{靶}(w_{靶}^{易}-i'_{靶})\times 10^{-3}+v_{挂}^2}$$

$$l'_{靶}=l_{靶}+l_R+l_{过}+3.0$$

$$=100+0.58+2.3+3.0=105.88\text{m}$$

$$i'_{靶}=\frac{100\times 0.0008+9.5\times 0.0025}{105.88}=0.980‰$$

$$w_{总}^{易}=w_{基}^{易}+w_{风}^{易}=1.26+0.564=1.824\text{N/kN}$$

$$v_{Ⅲ出}^{易}=\sqrt{2\times 9.6\times 105.88\times(1.824-0.980)\times 10^{-3}+1.4^2}=1.917\text{m/s}$$

(5)计算第Ⅲ制动位能高

$$h_{wⅢ}^{效}=l_{Ⅲ}^{效}w_{总}^{易}\times 10^{-3}=15.5\times 1.824\times 10^{-3}=0.0283\text{m}$$

$$h_{Ⅲ}^{效}=l_{Ⅲ}^{效}\times i_{制}\times 10^{-3}=15.5\times 2.5\times 10^{-3}=0.03875\text{m}$$

则

$$H_{制}^{Ⅲ}=\frac{5.329^2-1.917^2}{2\times 9.6}-0.0283+0.03875=1.298\text{m}$$

◀ 4. 计算第Ⅱ制动位能高

$$H_{制}^{Ⅱ}=H_{制}^{总}-H_{制}^{Ⅰ}-H_{制}^{Ⅲ}$$
$$=3.152-1.181-1.298$$
$$=0.673\text{m}$$

◀ 5. 计算各制动位增加安全量以后需要的能高及减速器的节数

采用 T · JK2A 型减速器,安全系数 $\alpha=0.15$,则

$$H_{制需}^{Ⅰ}=H_{制}^{Ⅰ}(1+\alpha)=1.181\times(1+0.15)=1.358\text{m}$$

1.358/0.144 = 9.43,取 10 节,减速器节数为 5 + 5

$$H_{制需}^{Ⅱ}=H_{制}^{Ⅱ}(1+\alpha)=0.673\times(1+0.15)=0.774\text{m}$$

0.774/0.144 = 5.375,取 6 节,减速器节数为 3 + 3

$$H_{制需}^{Ⅲ}=H_{制}^{Ⅲ}(1+\alpha)=1.298\times(1+0.15)=1.493\text{m}$$

1.493/0.144 = 10.368,取 11 节,减速器节数为 6 + 5

$$H_{制需}^{总}=\sum H_{制需}=(10+6+11)\times 0.144=3.888\text{m}$$

◀ 6. 调整后的驼峰纵断面需要的制动能高计算

运用上述方法,计算图 4-8 调整后的驼峰纵断面所需要的各级制动位能高及所需节数,结果见表 5-1。

各制动位减速器制动能高及所需节数 表 5-1

制动部位	第Ⅰ制动位	第Ⅱ制动位	第Ⅲ制动位
制动所需能高(m)	0.550	1.521	0.76
减速器节数	2 + 2	5 + 5	3 + 3

可以看出,第Ⅰ、Ⅲ制动位减少了制动能耗,第Ⅱ制动位增加了制动能耗,总制动能耗节省 0.864m。

◀ 第三节 调车场内减速顶的设置

一、减速顶的布置要求

◀ 1. 相邻两减速顶安装最小距离

如图 5-2 所示,减速顶标准工作行程为 h,车轮轮缘半径为 R,减速顶滑动油缸顶部半径为 r。纵向布两顶时,顶中心线间最小距离为

$$l=(r+R)\sin\alpha$$

而

$$\cos\alpha=\frac{r+R-h}{r+R}$$

因此得

$$l = \sqrt{h(2(R+r)-h)} \tag{5-24}$$

R 一般为 420mm 加 25mm，为 445mm。普通顶的 $r=60$mm，$h=70$mm。蘑菇顶的 $r=45$mm，$h=85$mm。代入式(5-24)后可知，相邻两顶间的最小距离为 260mm 或 280mm(蘑菇顶)。

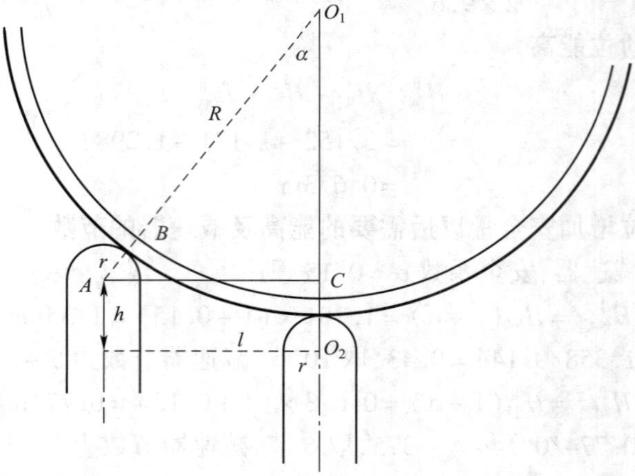

图 5-2 相邻两减速顶安装最小距离示意图

◀ **2. 减速顶对枕间距离的要求**

当相邻两个枕木间布一个顶时，轨枕中心线间距离应大于 420mm，如图 5-3a)所示。

当相邻两枕木间布两个顶时，轨枕中心线间距离应为 680 ~ 700mm，如图 5-3b)所示。

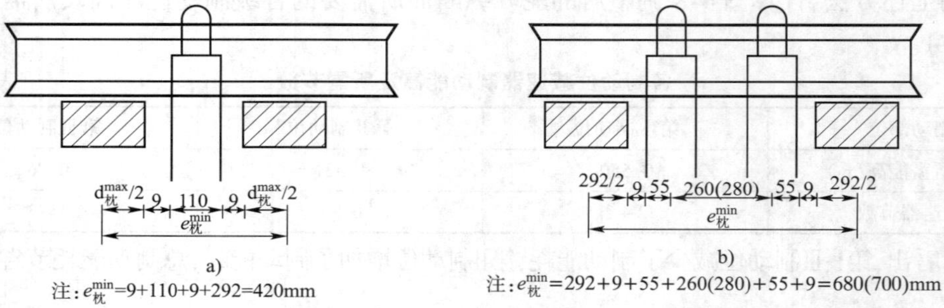

图 5-3 布顶与枕间距

在铺设钢轨时，轨枕密度一般有以下三个标准：1440 根/km，1520 根/km，1600 根/km。由此看来，只有在轨枕密度为 1440 根/km 时，轨枕间可纵向连布两顶，其他的任何情况只能在一个枕木槽间布一个顶。

◀ **3. 布顶方式**

布顶方式分为单侧布顶与双侧布顶两种，如图 5-4 所示。

单侧布顶时，沿铁路线两条钢轨中的一条钢轨内侧布顶，如图 5-4a)所示。

双侧布顶又分为对称和交错两种型式，如图 5-4b)、c)所示。

单侧布顶精度高、速度变化平稳，且便于利用单轨条小车进行维修，但是易造成车辆横向移动。双侧布顶精度低，但车辆受力均衡、溜行平稳。

应按照不同的调速方式及布顶密度的要求选择布顶方式。一般采用单侧布顶方式，顶群区及其后的布顶区宜采用双侧对称布顶方式，但在任何情况下都不能采用交错布顶方式。

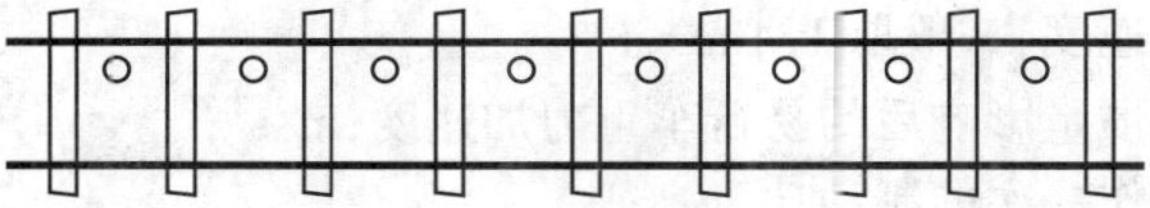

a)

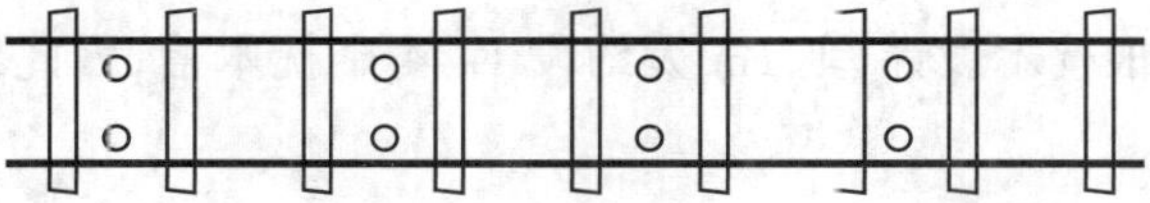

b)

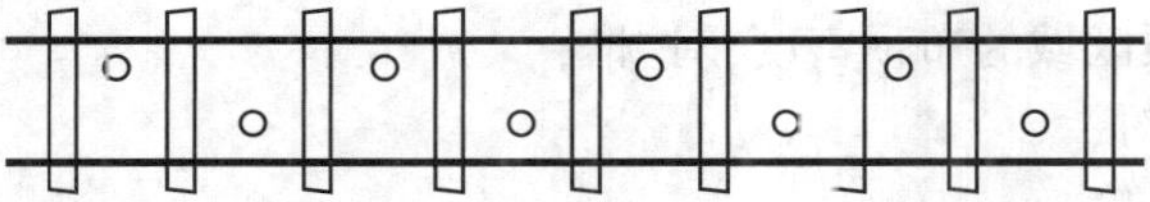

c)

图 5-4 布顶方式

4. 曲线及道岔上减速顶的布置

在曲线上布减速顶时，要求在其内轨装直径为90mm的蘑菇顶，以保证减速顶正常工作。为了平衡离心力，可在曲线外轨多布顶。

道岔的尖轨、辙叉及护轮轨的长度内不能布顶。道岔轨底边距离为170mm时，才能开始布顶，其最多布顶数量为：6号双开对称道岔11对；9号单开道岔18对；7号三开道岔11对；菱形交叉2对，因此交叉渡线布顶共46对。

二、减速顶数量的计算

1. 连挂区

在连挂区布置减速顶，目的是使所有车辆不超速连挂，大部分车辆有较大的溜行距离，并在此前提下使布顶数量少，连挂区各布顶坡段的布顶数量按下式计算

$$R_{连} = \frac{Q_{易}(i - w_{易})L}{8E_R}(1 + 5\%) \tag{5-25}$$

式中：$R_{连}$——连挂区布顶数量，对；

i——布顶区的坡度，‰；

$Q_{易}$——易行车总重，kN；

$w_{易}$——夏季易行车总阻力，N/kN；

E_R——减速顶动作一次的制动功，J。取临界速度等于安全连挂速度时的值。

2. 顶群区

当打靶区的坡度大于或等于夏季易行车总阻力当量波且打靶区的距离较大时，由于减速器的控制误差，易行车到打靶区末端的速度将大于安全连挂速度，为此可在打靶区末端设一个小顶群，采用双侧对称式密布减速顶，小顶群的减速顶数量按下式计算

$$R_{群} = \frac{v_{入}^2 - v_{挂}^2}{16g'_{易}\ E_R} \tag{5-26}$$

式中：$R_{群}$——小顶群减速顶数量，对；

$v_{入}$——易行车进入小顶群的速度，m/s；

$v_{挂}$——安全连挂速度,一般取1.4m/s;

$g'_{易}$——考虑转动惯量影响后的易行车重力加速度,m/s^2;

E_R——减速顶动作一次的制动功,J。

3. 布顶密度

按照1km设1440根枕木设计,则1m大约设1.44个枕木槽,因此,减速顶的布顶密度可按下式计算

$$d=\frac{R}{1.44L}\leqslant 2 \tag{5-27}$$

式中:d——布设减速顶区域的布顶密度,对/槽;

R——布顶数量,对;

L——布顶区的长度,m。

当$d>2$对/槽时,则只取$d=2$对/槽,对没有铺完的减速顶应按$d=2$对/槽,紧布在其后的坡段上。

例5-1 某点连式驼峰连挂区第一布顶坡段的坡度为3.5‰,坡长257m,且连挂区前设有小顶群。已知夏季易行车总阻力为1.2N/kN,易行车总重为800kN,采用TDJ204型减速顶。试确定该布顶区的布顶数量和布顶密度。

解:$w_Y=1.2N/kN, Q_Y=800kN, i=3.5‰, L=257m, E_R=804J$

代入式(5-25),得布顶数量

$$R=\frac{800\times(3.5-1.2)\times257}{8\times804}(1+5\%)=77.18\text{ 对}$$

布顶密度依式(5-27),得

$$d=\frac{R}{1.44L}=\frac{77.18}{1.44\times257}=0.21\text{ 对/槽}$$

由于连挂区前设小顶群区,因此布顶方式采用双侧对称布顶,每100个槽布置21对顶。

思考与练习题

5-1 如何确定制动级数和各制动位的设置位置?

5-2 各级制动的影响因素和设计条件是什么?

5-3 如果难行车在顶群区途停会有什么危险?怎样克服途停?

5-4 某减速顶活动油缸顶面半径$r=45$mm,油缸的工作行程$h=85$mm,试求该类型减速顶密布时,两相邻减速顶中心线的距离是多少?

5-5 减速顶在直线上的布置方式有几种?在曲线和道岔上如何布置减速顶?

5-6 某调车场连挂区设两个坡段:第一坡段为3.5‰,257m;第二坡段为2.5‰,513m。已知:冬季难行车总阻力$w^{冬}_{难}=3.5N/kN$,夏季易行车总阻力$w^{夏}_{易}=1.2N/kN$,采用TDJ204型减速顶。试计算连挂区各坡段的布顶数量。

5-7 某驼峰设计峰高为3.5m,第Ⅱ制动位末端与计算点的高差$H^{Ⅱ}_{制末}=0.38m$,易行车在夏季溜车有利条件下的总阻力是3.12N/kN;第Ⅱ制动位末距离峰顶182m;选用TJK型减速器。应该采用多少制动能高才能满足总的设计要求,所需要的减速器节数是多少?

◁第六章 驼峰检算

◀第一节 检算要求

一、检算目的和要求

驼峰纵断面设计完成后,应进行检算,其目的是:检查驼峰线路平面和纵断面的设计是否合理;检查驼峰高度和减速器制动位的能高及分布是否符合要求;在溜车不利和有利的条件下以规定的推送速度连续溜放"难—易—难"单个车辆时,追过分路道岔和制动位的间隔,从而确定峰顶的解体速度。

驼峰检算方法有图解法和分析计算法。检算时,应分别绘制下列速度曲线和时间曲线:

①在溜车不利条件下难行车不进行制动而溜往难行线的速度曲线和时间曲线。

②在溜车不利条件下中行车进行部分制动并溜往难行线相邻线路的速度曲线和时间曲线。

③在溜车不利条件下难行车进行部分制动并溜往难行线的速度曲线和时间曲线。

④在溜车有利条件下易行车进行部分制动并溜往难行线相邻线路的速度曲线和时间曲线。

⑤在溜车有利条件下易行车在各制动位进行全部制动的速度曲线。

二、图解时采用的比例尺

绘制速度曲线和时间曲线所采用的比例尺见表6-1。检算时可采用一般比例尺,其精度要求如下:

线路长:1m; 阻力:0.1N/kN;

高　度:0.001m; 能高:0.001m;

坡　度:0.1‰; 速度:0.1m/s;

转　角:0.1°; 时间:0.1s。

图解时采用的比例尺 表6-1

名　称	单　位	比例尺(m)	
		一般的	放大的
阻力 r	N/kN	15	10
速度 v	m/s	40	56.5
长度 l	m	1	3
时间 t	s	2	5
时间基线距离 Δl	mm	80	94.5

第二节 检算方法及步骤

一、计算折算坡度

在绘制速度曲线和时间曲线时，首先要计算难行线及其相邻线路的折算坡度。折算坡度 i' 可按下式计算：

$$i' = i - \frac{8\sum\alpha + 24n}{\Delta l} \tag{6-1}$$

式中：i'——Δl 范围内的折算坡度，‰；

$\sum\alpha$、n——Δl 范围内的转角度数、道岔个数；

Δl——折算坡度的长度，m。

这里需要说明两点：

①计算折算坡度时，因为道岔阻力和曲线阻力并不是在每一个地段都有，而基本阻力和风阻力在任何地段都存在，所以在计算折算坡度时舍去道岔阻力和曲线阻力。

②Δl 应按设计的实际坡度划分，减速器制动位也要单独划分出来，因为在制动位范围内没有道岔和曲线，不需要进行折算。

二、计算单位阻力

计算单位阻力需要绘制阻力曲线 $w=f(v)$。单位阻力曲线应根据不同的溜放条件（不利、有利）及不同的车辆类型（难、易）分别求出。检算求得的单位阻力是基本阻力和风阻力之和。

在计算峰高时，风阻力的计算公式中的速度 $v_车$ 采用的是固定值。然而，车辆在实际的溜放过程中速度是变化的，因此应根据不同的变化着的 $v_车$（0～7m/s）计算出相应的基本阻力和风阻力，填入相应的表格。

例 6-1 如第四章示例所设计的驼峰，根据溜车不利条件和溜车有利条件分别计算难行车和易行车的折算单位阻力（表 6-2）。

驼峰阻力计算表 表 6-2

$v_车$ (m/s)	α (°)	溜车不利条件：$t=-15.6℃$，$v_风=5m/s$，$\beta=0°$							
		难－1：$f=10m^2$，$Q=30t$				易－1：$f=8m^2$，$Q=80t$			
		C_{x1}/C_{x0}	$w_基$	$w_风$	$w_总$	C_{x1}/C_{x0}	$w_基$	$w_风$	$w_总$
0	0	1.0	3.830	0.525	4.355	1.0	2.022	0.158	2.180
1	0	1.0	4.148	0.756	4.904	1.0	2.124	0.227	2.351
2	0	1.0	4.448	1.029	5.477	1.0	2.312	0.309	2.621
3	0	1.0	4.748	1.344	6.092	1.0	2.412	0.403	3.015
4	0	1.0	5.136	1.701	6.837	1.0	2.524	0.510	3.034
5	0	1.0	5.436	2.100	7.536	1.0	2.712	0.630	3.342
6	0	1.0	5.748	2.541	8.289	1.0	2.812	0.762	3.574
7	0	1.0	6.049	3.024	9.073	1.0	2.924	0.907	3.831

续上表

$v_车$ (m/s)	α (°)	溜车有利条件 $t=27℃$,无风							
		难-2:$f=10m^2$,$Q=30t$				易-2:$f=8m^2$,$Q=80t$			
		C_{x1}/C_{x0}	$w_基$	$w_风$	$w_总$	C_{x1}/C_{x0}	$w_基$	$w_风$	$w_总$
0	0	1.0	1.948	0	1.948	1.0	1.0	0	1.0
1	0	1.0	2.265	0.021	2.286	1.0	1.0	0.006	1.005
2	0	1.0	2.582	0.084	2.666	1.0	1.0	0.025	1.025
3	0	1.0	2.899	0.189	3.088	1.0	1.0	0.057	1.057
4	0	1.0	3.216	0.336	3.552	1.0	1.0	0.101	1.101
5	0	1.0	3.533	0.525	4.058	1.0	1.0	0.158	1.158
6	0	1.0	3.850	0.756	4.606	1.0	1.0	0.227	1.227
7	0	1.0	4.167	1.029	5.196	1.0	1.0	0.309	1.309

根据阻力曲线表,按比例绘制阻力曲线图,如附图 2 所示。在阻力曲线图中,y 轴表示 $v_车$ 的值,x 轴表示阻力 w,同时也作为线路的折算坡度 i'。在 x 轴上,零点往右为正值,往左为负值(道岔区坡度折算后有时可能为负值,即上坡)。

阻力曲线的位置可画在图中的左下侧或右上侧,当 O 点在左侧时,如附图 2 所示;当 O 点在右侧时,可画在右上侧或左下侧。

三、布置检算图

检算图中需要绘制速度曲线和时间曲线,因此,以 O 点(代表峰顶)为原点,建立直角坐标系,如图6-1 所示。其中,x 轴表示溜放部分的长度,y 轴表示速度 v 和时间 t。图中需绘制的其他内容有:

①由 O 点向左 80mm 处(即 Δt)画时间基线;

②x 轴下边依次画出:溜放部分各坡段的坡度和长度;难行线及相邻线路的折算坡度及长度;难行线及其相邻线路的平面展开图。

③根据平面展开图,画出各分路道岔绝缘区段在 x 轴上的位置及长度,画出减速器有效制动位的长度。

画减速器区段时,如果平面图设计中制动位由两组减速器组成,因为每组减速器可单独控制(制动或缓解),所以两组减速器分开画。在平面图中,制动位的长度为已知,每端减去喇叭口的长度 l_R,即为有效制动位的长度。

画道岔绝缘区段时,从表 3-2 中查出 $l_绝$ 的长度,从道岔中心往前量取 $l=a+l_短+0.008$ 的长度,即为绝缘段的始端。由始端往后量取 $l_绝$ 的长度,即为绝缘段的末端。

四、绘制速度曲线

速度曲线应反映出车辆在溜放部分任一点的溜放瞬时速度。需要绘制的速度曲线有四条:

①溜车不利条件下的难行车溜向难行线的速度曲线;

②溜车不利条件下的易行车溜向难行线相邻线的速度曲线;

③溜车有利条件下的难行车溜向难行线的速度曲线；

④溜车有利条件下的易行车溜向难行线相邻线的速度曲线。

其中，①条不进行制动，为自由溜放状态，其余三条在溜放过程中均采用制动。

速度曲线是利用阻力曲线和 w 轴（即相当于线路的折算坡度 i'）进行绘制。从峰顶，距离 O 点的高度为 $v_{推}=1.944\text{m/s}$（即 7km/h）处开始画。现以点连式驼峰为例介绍速度曲线的绘制方法（附图 2）。

（1）溜车不利条件下难行车的速度曲线（难-1）

在溜车不利条件下，难行车的速度曲线是从峰顶不进行制动自由溜行到打靶区末端的速度曲线。为保证绘制的速度曲线较为准确地反映出瞬时速度，同时简化绘图的工作量和难度，采用的方法是：以某一小段 Δv（如 $\Delta v=0.25\text{m/s}$，Δv 越小精度越高，）为速度单位长度，将 $v\sim v+\Delta v$ 范围内的速度视为相等，表示车辆在此范围内做匀速运动。而后按照如下步骤进行绘制。

①在难行线阻力曲线上，取 $v_0\sim v_0+\Delta v$ 线段的中点，在 w 轴上取 $w=i'_{11}$（相当于 i'_{11} 折算坡度，加速坡第一坡段）对应的点，作两点的连线。

②在速度轴上，从峰顶 $v_0=1.944\text{m/s}$（即 7km/h）开始，作上述两点连线的垂直线，画到 $v_0+\Delta v$ 为止。

③在难行线阻力曲线上，取 $v_0+\Delta v\sim v_0+2\Delta v$ 的中点，在 w 轴上取 $w=i'_{11}$ 对应的点，作两点的连线。重复上面②的步骤，以 $v_0+\Delta v$ 为起点，画到 $v_0+2\Delta v$。

④重复上面的步骤继续画，画到变坡点时，若剩余的线段长度不足 Δv 时，可以和前面一段合并为一个线段，再按照①、②步骤画到变坡点为止。

⑤画到变坡点时，在 w 轴上取 $w=i'_{12}$（加速坡第二坡段折算坡度）对应的点。继续绘制第二坡段范围内的速度曲线，方法同上。依次类推，一直画到计算点 $v=1.4\text{m/s}$ 为止，即可得出难-1 速度曲线。

理论上难行线速度降到 1.4m/s 的地方应为计算点，但是由于在计算基本阻力和风阻力所采用的溜放速度的平均值与实际情况有差异，所以实际上该点与计算点有一定距离。

（2）溜车不利条件下易行车的速度曲线（易-1）

溜车不利条件下，易行车溜往难行线的相邻线。在溜放过程中，要进行制动。该速度曲线需分段绘制。

①从峰顶 $v_0=1.944\text{m/s}$（即 7km/h）开始，绘制峰顶至第Ⅰ制动位有效制动长度入口端的一段。

②从第Ⅱ制动位有效长度入口端，以 $v=7\text{m/s}$，$w=i'_{22}$（高速区第二坡段折算坡度）开始逆溜车方向，绘制到第Ⅰ制动位有效制动长度出口端。

③取溜车不利条件下易行车在最后分路道岔中心处的速度等于难行车在该点的速度，即 $v_{岔}^{难}=v_{岔}^{易}$。由此，逆向绘制分路道岔中心到第Ⅱ制动位有效制动长度出口端的一段。

④从最后分路道岔中心，以 $v_{岔}^{难}$ 的速度开始，顺向绘制到第Ⅲ制动位有效制动长度入口端的一段。

⑤从打靶区末端计算点开始，以 $v_{挂}=1.4\text{m/s}$，逆向绘制到第Ⅲ制动位有效制动长度出口端的一段。

⑥最后将各制动位的入口和出口速度连接起来,形成易-1 速度曲线。

(3)溜车有利条件下易行车的速度曲线(易-2)

溜车有利条件下,易行车溜往难行线的相邻线。在溜行过程中,要进行制动。该速度曲线需分段绘制。

①从峰顶 $v_0 = 1.944\text{m/s}$(即 7km/h)开始,绘制峰顶至第Ⅰ制动位有效制动长度入口端的一段。

②从第Ⅱ制动位有效长度入口端,以 $v = 7\text{m/s}, w = i'_{22}$(高速区第二坡段折算坡度)开始逆溜车方向,绘制到第Ⅰ制动位有效制动长度出口端的一段。

③从打靶区末端计算点开始,以 $v_{挂} = 1.4\text{m/s}$,逆向绘制到第Ⅲ制动位有效制动长度出口端的一段。

④令溜车有利条件下易行车在制动位需要的制动能高等于溜车不利条件下易行车(易-1)需要的制动能高。有了第Ⅲ制动位的出口速度和制动能高,可以求得易行车在第Ⅲ制动位的入口速度 $v_{Ⅲ入}^{易}$。

⑤从第Ⅲ制动位有效长度入口端,以 $v_{Ⅲ入}^{易}$ 开始,逆车向绘制到第Ⅱ制动位有效制动长度出口端。

⑥最后将各制动位的入口和出口速度连接起来,形成易-2 速度曲线。

(4)溜车有利条件下难行车的速度曲线(难-2)

溜车有利条件下,难行车溜往难行线。在溜行过程中,要进行制动。该速度曲线需分段绘制。

①从峰顶 $v_0 = 1.944\text{m/s}$(即 7km/h)开始,绘制峰顶至第Ⅰ制动位有效制动长度入口端的一段。

②从第Ⅱ制动位有效长度入口端,以 $v = 7\text{m/s}, w = i'_{22}$(高速区第二坡段折算坡度)开始逆溜车方向,绘制到第Ⅰ制动位有效制动长度出口端的一段。

③令溜车有利条件下难行车在最后分路道岔中心处的速度 $v_{岔}$ 等于易行车在该点的速度。由此,逆车向绘制从分路道岔中心到第Ⅱ制动位有效制动长度出口端的一段。

④从最后分路道岔中心,以 $v_{岔}$ 开始,顺向绘制到第Ⅲ制动位有效制动长度出口端的一段。

⑤从打靶区末端计算点开始,以 $v_{挂} = 1.4\text{m/s}$,逆向绘制到第Ⅲ制动位有效制动长度出口端的一段。

⑥最后将各制动位的入口和出口速度连接起来,形成难-2 速度曲线。

五、绘制时间曲线

时间曲线可以较为精确地反映出溜放车辆经过任意一点的瞬时时间。它的绘制需要考虑前后钩车最不利的溜放组合,即"难—易—难"的溜放组合状态。并且还需要考虑不利溜放条件和有利溜放条件该车辆组合的溜行状态。为此,需要依次绘制两组时间曲线,每一组包括三条:

①溜车不利条件下难行车的时间曲线。

②溜车不利条件下易行车的时间曲线。

③溜车不利条件下难行车的时间曲线。

④溜车有利条件下难行车的时间曲线。

⑤溜车有利条件下易行车的时间曲线。

⑥溜车有利条件下难行车的时间曲线。

时间曲线利用速度曲线和时间基线绘制而成。

(1)溜车不利条件下难行车的时间曲线(难-1)

①在溜车不利条件下,难行车的速度曲线(难-1)上,取 v_0(1.944m/s) ~ $v_0+\Delta v$ 线段的中点,(如 $\Delta v=0.25$m/s,Δv 越小精度越高),投影到时间基线上。然后取该投影点与速度曲线的原点 0 点的连线。

②以 0 点为始点,作上述连线的垂直线,该垂直线即为时间曲线的方向线。该垂线与另一条垂线(即速度曲线 $v=v_0+\Delta v$ 向下面 x 轴所作的垂线)相交处,为该小段速度曲线相对应的时间曲线的末端。

③从步骤②绘制的时间曲线的末端,按照步骤①、②继续绘制,得到难-1 时间曲线。

(2)溜车不利条件下易行车的时间曲线(易-1)

同理,用上述方法绘制溜车不利条件下易行车从峰顶溜往难行线相邻线的时间曲线。易-1 时间曲线画在难-1 时间曲线的上面,两者相距 $t_{隔}$。

$$t_{隔}=\frac{\dfrac{l_{难}}{2}+\dfrac{l_{易}}{2}}{v_{推}}=\frac{14.008+13.438}{2\times1.944}=7.09\text{s}$$

式中:$t_{隔}$——以一定的推送速度解体时,平均每辆车在峰顶处的脱钩间隔时间,s;

$l_{难}$、$l_{易}$——难、易行车的长度,m。

(3)第二条溜车不利条件下难行车的时间曲线(难-1)

从距易-1 时间曲线始端 $t_{隔}=7.09$s 处开始,复制难-1 时间曲线的平行线,即可得到另一条难-1 时间曲线。

(4)溜车有利条件下的时间曲线(难-2、易-2、难-2)

在这组时间曲线上的适当位置,用同样的方法可以绘制溜车有利条件下难-2、易-2、难-2 三条时间曲线。

第三节 车辆溜放间隔检算

利用时间曲线进行车辆溜放间隔的检算。

1.通过设有绝缘区段分路道岔的溜放间隔检算

(1)前后钩车应满足的最小间隔时间 $t_{隔}$

$$t_{隔}+t_2\geqslant t_1+t_{继}$$

即

$$t_{隔}\geqslant t_1-t_2+t_{继} \tag{6-2}$$

式中:t_1——前行车从峰顶开始脱钩至该车最后轴出清道岔绝缘区段的溜行时间,s;

t_2——后行车从峰顶开始脱钩至该车最前轴溜至距道岔绝缘区段始端 $vt_{继}$ 处的时间,s;

$t_{继}$——轨道继电器吸起所需的时间,s。

(2)两车重心之间应满足的最短距离 l

$$l \geq \frac{b_{难}+b_{易}}{2}+l_{绝}+vt_{继} \quad (6\text{-}3)$$

式中:$l_{绝}$——道岔绝缘区段的长度,m;

v——后行车接近减速器制动位时的速度,m/s;

$t_{继}$——继电器吸起所需要的时间,s;

$b_{难}$、$b_{易}$——难、易行车的外轴距,m。

(3)溜放间隔及推峰速度检算

根据时间曲线的特性和上述公式,检算车辆的溜放时间间隔和峰顶推送速度。

利用难-1 和易-1 时间曲线,按下列顺序检算在溜车不利条件下(即前行车为难行车,后行车为易行车)通过第一分路道岔时的间隔及其相应的峰顶推送速度。

第一步:作 x 轴的的平行线 AB 通过第一分路道岔的绝缘道岔。A、B 分别表示难行车和易行车重心位置。

第二步:B 点至绝缘区段末端的距离为 $b_{难}/2$,表示难行车的最后轴刚出清绝缘区段。此时,AB 线的时间坐标值等于难行车由峰顶溜到 B 点所需的时间 t_1。A 点至绝缘区段始端的距离为 $b_{易}/2$,表示易行车最前轴刚进入绝缘区段。因此,B、A 两点即为难行车和易行车相隔 $t_{隔}$ 从峰顶连续溜放,在 t_1 瞬间两车的重心距离。通过 A 点向易-1 时间曲线作垂线,长度为 $t_{继}=0.5\text{s}$,得到 C 点。

此时,C 点与时间曲线之间存在三种情况。

①C 点不与易-1 相交,则表示前、后车辆的间隔时间满足需要,并且还有一定的富余量,可以缩短 $t_{隔}$,提高推峰速度。

②C 点与易-1 重合,则表示前、后车辆的间隔刚满足需要。

③C 点与易-1 相交,说明前、后车辆的间隔时间不能保证道岔转换,需加大 $t_{隔}$,即降低驼峰解体速度。

第三步:重复上面的步骤,检算车辆通过其余分路道岔时的间隔及其相应的驼峰解体速度。

◀2. 通过减速器的溜放间隔检算

(1)前后钩车应满足的最小间隔时间 $t_{隔}$

$$t_{隔}+t_2 \geq t_1+t_{减}$$

即

$$t_{隔} \geq t_1-t_2+t_{减} \quad (6\text{-}4)$$

式中:t_1——前行车从峰顶开始脱钩至该车最后轴出清减速器的时间,s;

t_2——后行车从峰顶开始脱钩至该车最前轴溜至减速器制动位始端的时间,s;

$t_{减}$——减速器的动作时间(见表 1-1)。

(2)两车重心之间应满足的最短距离 l

$$l \geq \frac{b_{难}+b_{易}}{2}+l_{减}+vt_{减} \quad (6\text{-}5)$$

式中：$l_{减}$——减速器有效制动位长度，m；

v——后行车接近减速器制动位时的速度，m/s。

(3)通过减速器的溜放间隔及推峰速度检算

利用难-1和易-1时间曲线，按下列顺序检算在溜车不利条件下(前行车为难行车，后行车为易行车)通过第一分路道岔时的间隔及其相应的峰顶推送速度。

第一步：作 x 轴的平行线 DE 通过第一分路道岔的绝缘区段。D、E 两点分别表示难行车和易行车重心的位置。

第二步：D 点至制动位有效长度始端的距离为 $b_{易}/2$，表示易行车的最后轴出清制动位。E 点至制动位有效长度末端的距离为 $b_{难}/2$，表示难行车最前轴刚进入制动位。此时，DE 线的时间坐标值等于易行车由峰顶溜到 D 点所需的时间 t_1。因此，D、E 两点即为难行车和易行车相隔 $t_{隔}$ 从峰顶连续溜放，在 t_1 瞬间两车的重心距离。通过 E 点向易-1时间曲线作垂线，长度为 $t_{减}$，得到 F 点。$t_{减}$ 根据作业选择制动时间($t_{制}$，Retarder Close Time)或缓解时间($t_{缓}$，Retarder Release Time)。当前钩车制动，而后钩车不制动时，则取 $t_{减}=t_{缓}$；当前钩车不制动，而后钩车制动时，则取 $t_{减}=t_{制}$；当前钩车和后钩车均制动，或者均不制动时，则 $t_{减}=0$。

此时，F 点与时间曲线之间存在三种情况。

①F 点不与易-1相交，则表示前、后车辆的间隔时间满足需要，并且还有一定的富余量，可以缩短 $t_{隔}$，提高推峰速度。

②F 点与易-1重合，则表示前、后车辆的间隔刚满足需要。

③F 点与易-1相交，说明前、后车辆的间隔时间不能保证道岔转换，需加大 $t_{隔}$，即降低驼峰解体速度。

第三步：重复上面的步骤，检算车辆通过其余制动位的间隔及其相应的驼峰解体速度。

3. 检算结果说明

①随着难易行车走行距离的不断增加，难行车的速度会逐渐减小，而易行车的速度相对于难行车来讲比较大，在这种条件下，当难行车在前，易行车在后时，无论是在溜车有利条件下还是溜车不利条件下，$t_{隔}$ 的最大值均受最后分路道岔的限制。

②$t_{隔}<7.059$s，说明纵断面设计较为理想，推峰速度较大，可以大于7km/h，解体能力可以提高。如果 $t_{隔}>7.059$s，说明纵断面设计不能保证7km/h的推峰速度。此时，可以通过调整第Ⅱ制动位的制动能力，重新绘制车辆溜放速度曲线和时间曲线。如果还无法满足，说明纵断面设计不合理，需要重新设计。

③第四章设计的驼峰纵断面经过检算，可以满足推峰速度以及减速器和道岔转换的要求，如附图2所示。

思考与练习题

6-1　驼峰纵断面设计后，为什么要进行检算？

6-2　某驼峰设计的部分纵断面及部分平面展开图如图6-1所示。夏季溜车有利条件为 $v_{风}=0$，$t=>5$℃；减速器使用T·JK型；推峰速度为7km/h。那么图中所设计的纵断面是否正确？为什么？

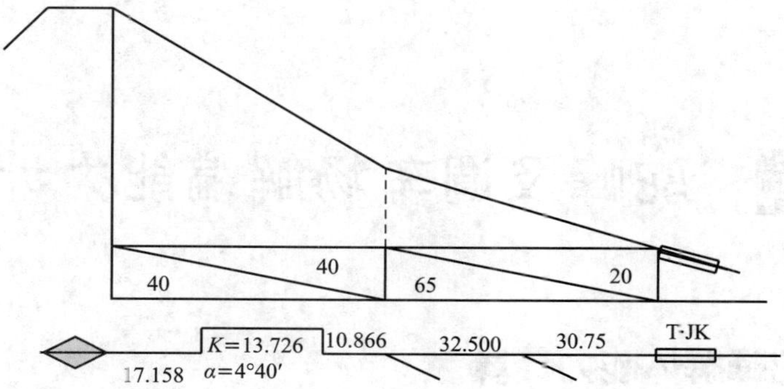

图 6-1　驼峰部分纵断面及部分平面展开图

6-3　前后两车间隔如图 6-2 所示。

试问:①在刚好满足道岔转换间隔的前提下,各分路道岔所需的峰顶推送速度各是多少?

②如同时满足三个分路道岔转换的需要,峰顶最终应以哪个间隔时间溜放?

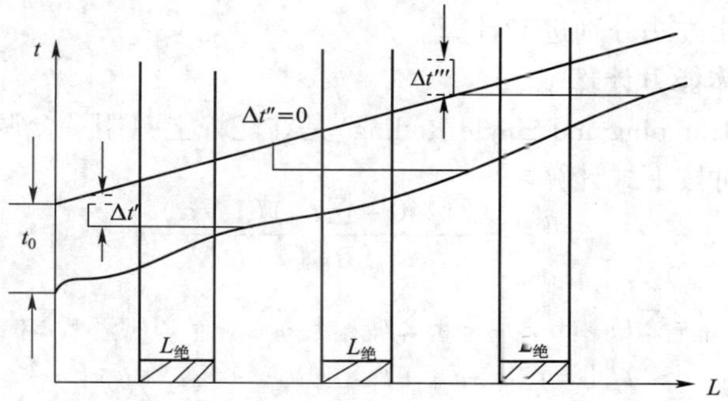

图 6-2　前后两车间隔示意图

◁第七章　驼峰及调车场解编能力计算

◀ 第一节　驼峰解体能力计算

驼峰解体能力(Break-up Capacity of Hump)是在既有技术设备、作业组织方法及调车机车台数条件下,一昼夜所能解体的货物列车数或车辆数。

驼峰机车一般只进行解体作业,作业性质比较单一,其解体能力可采用直接计算法,根据不同调车机台数和作业方法分别进行计算。

◀ 1. 单推单溜解体能力计算

单推单溜(Single Humping and Single Rolling)是在驼峰上只用一台调机担当分解作业的组织方式。其解体能力可按下式计算

$$N_{解}^{单单}=\frac{(1440-\sum t_{固})(1-\alpha)}{t_{解占}^{单单}} \tag{7-1}$$

其中

$$\sum t_{固}=\sum t_{交接}+\sum t_{吃饭}+\sum t_{整备}+\sum t_{客妨}+\sum t_{取送}^{占}+\sum t'_{取送} \tag{7-2}$$

$$t_{解占}^{单单}=t_{空程}+t_{推}+t_{分解}+t_{禁溜}+t_{整场}+t_{妨} \tag{7-3}$$

式中: $N_{解}^{单单}$——单推单溜时的解体能力,列;

$\sum t_{固}$——采用单推单溜时的固定作业总时间,min;

$\sum t_{取送}^{占}$——驼峰机车担当取送作业占用驼峰的部分时间,min;

$\sum t'_{取送}$——驼峰机车担当取送作业未占用驼峰的部分时间,min;

$t_{解占}^{单单}$——采用单推单溜作业方式解体一列车平均占用驼峰的时间,min;

$\sum t_{交接}$、$\sum t_{吃饭}$——调车组和乘务员一昼夜的交接班和吃饭时间,min;

$\sum t_{整备}$——一台调机一昼夜的整备时间,min;

$\sum t_{客妨}$——一昼夜旅客(通勤)列车横切峰前咽喉妨碍驼峰解体的时间,min;

$t_{空程}$——调车机车自驼峰或待作业地点起动时起至连挂解体车列时止的时间,min;

α——空费系数,是由于列车到达不均衡、作业不协调以及设备故障等原因所引起的驼峰无法利用的空费时间(不计调车组交接班等驼峰作业中断期间内产生的空费)占一昼夜时间的比重,一般可采用0.03~0.05。

以"辆"为单位的日解体能力按下式计算

$$B_{解}=N_{解}^{单单}\ m_{编} \tag{7-4}$$

◀ 2. 双推单溜解体能力计算

使用两台及以上机车担当驼峰分解作业时,一台机车进行解体作业,其他机车可进行预推作业的组织方式称为双推单溜(Double Humping and Single Rolling),两台机车实行双推单溜

时，驼峰解体能力按下式计算

$$N_{解2}^{双单}=(1-\alpha)\left(\frac{1440-\sum t'_{固}}{t_{解占}^{双单}}+\frac{2t_{整备}+\sum t'_{取送}}{t_{解占}^{单单}}\right) \tag{7-5}$$

其中

$$\sum t'_{固}=\sum t_{交接}+\sum t_{吃饭}+2\sum t_{整备}+\sum t_{客妨}+\sum t_{取送}^{占}-\sum t'_{取送} \tag{7-6}$$

$$t_{解占}^{双单}=t_{分解}+t_{禁溜}+t_{整场}+t_{妨}+t_{间隔} \tag{7-7}$$

式中：$N_{解2}^{双单}$——使用 2 台机车双推单溜时的解体能力，列；

$\sum t'_{固}$——使用 2 台机车双推单溜时的固定作业时间，min；

$t_{解占}^{双单}$——采用双推单溜作业方式时解体一列车平均占用驼峰时间，min。

以“辆”为单位的日解体能力按下式计算

$$B_{解}=N_{解2}^{双单}m_{编} \tag{7-8}$$

3. 三台调机双推单溜解体能力计算

使用三台及以上调机进行双推单溜作业时的解体能力按下式计算

$$N_{解3}^{双单}=(1-\alpha)\frac{(1440-\sum t''_{固})}{t_{解占}^{双单}} \tag{7-9}$$

其中

$$\sum t''_{固}=\sum t_{交接}+\sum t_{吃饭}+\sum t_{客妨}+\sum t_{取送}^{占} \tag{7-10}$$

式中：$N_{解3}^{双单}$——使用 3 台及以上机车进行单溜放作业时的驼峰解体能力，列；

$\sum t''_{固}$——3 台以上机车双推单溜时的固定作业总时间，min。

以“辆”为单位的日解体能力按下式计算

$$B_{解}=N_{解3}^{双单}m_{编} \tag{7-11}$$

4. 高峰小时驼峰解体能力计算

在编组站上一昼夜的个别时间段内，改编列车密集到达，该时间段称为高峰时期。在此时间段内，驼峰机车不进行整场和整备，不进行车辆的取送作业，除反接改编列车产生妨碍外，没有其他妨碍时间，实行双推单溜时高峰小时驼峰解体能力（Hourly Break-up Capacity When Busy）按下式计算

$$N_{小时}^{高峰}=\frac{60}{t_{分解}+t_{禁溜}+t_{间隔}+t_{反妨}} \tag{7-12}$$

式中：$N_{小时}^{高峰}$——高峰小时解体能力，列；

$t_{反妨}$——每列改编列车平均反接妨碍时间，min。

上述各单项作业时间标准，可依比例尺平面图中的距离，和技术规范规定的有关作业时的速度进行计算确定；也可由查定的方法确定。其作业时间标准的取值范围，计算和查定的方法，参阅原铁道部制定的关于编组站改编能力计算的标准。

第二节　调车场尾部编组能力计算

调车场尾部编组能力（Capacity in Make-up of Trains on Shunting Neck）是在既有技术设备、作业组织方法及调车机车台数条件下，一昼夜所能编组的货物列车数或车辆数。

调车场尾部牵出线一般不明确固定，且多于尾部配属调车机车台数，故编组能力宜从整体考虑进行计算。其计算方法可采用直接计算法和利用率计算法。

1. 直接计算法

驼峰调车场尾部的编组能力按下式计算

$$N_{编} = \frac{(1440M - \sum t_{固})(1-\alpha)}{t_{编}} + N_{摘} \tag{7-13}$$

其中

$$\sum t_{固} = \sum t_{交接} + \sum t_{吃饭} + \sum t_{整备} + \sum t_{取送} + \sum t_{摘挂} \tag{7-14}$$

$$t_{编} = t_{空程} + t_{连挂} + t_{选编} + t_{转线} + t_{整场} \tag{7-15}$$

式中：$N_{编}$——尾部编组能力，列；

M——尾部调机台数；

$\sum t_{固}$——交接班、吃饭、整备、取送车、编摘挂列车等固定作业占用尾部编组调机时间，min；

α——妨碍系数，$\alpha = \sum t_{妨碍}/\sum t_{作业}$，1 台调机取 0.03～0.05；2 台调机取 0.06～0.08；三台调机取 0.08～0.12；

$t_{编}$——编组直通、区段、小运转、交换车的加权平均时间（包括每列均摊的整场时间），min；

$N_{摘}$——一昼夜编组的摘挂列车数。

2. 利用率计算法

调车场尾部编组能力按下式计算

$$N_{编} = \frac{N}{K} + N_{摘} \tag{7-16}$$

其中

$$K = \frac{T - \sum T_{固}}{(1440M - \sum T_{固})(1-\alpha)} \tag{7-17}$$

式中：$N_{编}$——尾部编组能力，列；

N——平均每昼夜编组的直通、区段、小运转列车及交换车总列数，列；

K——利用率；

T——每昼夜的总作业时间（不含妨碍时间），min；

其他符号意义同前。

第三节　驼峰解体能力与编组能力计算示例

已知某一编组站下行系统情况如下：

①头部解体作业使用东风 5 型调车机车两台，分别为一调和三调；采用双推单溜的作业方式。解体作业时间标准见表 7-1。

②尾部编组作业使用东风 5 型调车机车三台，分别为七调、九调、十一调。编组作业时间见表 7-4。

③头部及尾部调机的整备时间标准和交接班、吃饭时间标准见表 7-2 和表 7-3。

④列车平均编成辆数为 $m = 50$ 辆/列。

下行系统驼峰解体时间标准(单位:min)　　表 7-1

方向	列车种类	每列平均辆数	每列平均钩数	每钩平均时间	空程时间	推峰时间	分解时间	解送禁溜车时间	整场时间	妨碍时间	驼峰间隔时间
济南	直通	51	17.2	0.8	12.1	8.4	9.7	1.5	0.8	0	2
	区段	46	9.42	1.4	11.3	9.2	8.5	1.5	0.8	0	2
	摘挂	41	19.6	0.7	13.5	9.9	9.0	1.5	0.8	0	2
郑州	直通	54	12.5	1.0	12.1	7.4	8.7	1.5	0.8	0	2
	摘挂	45	14.2	0.9	11.9	7.9	9.0	1.5	0.8	0	2
徐西	小运转	46	10.0	1.2	11.7	7.5	7.9	1.5	0.8	0	2
上行	交换	32	13.2	0.9	8.2	8.8	7.2	1.5	0.8	0	2
汇总		49.7	14.4	0.9	11.7	8.1	8.8	1.5	0.8	0	2

调车机车整备时间标准(单位:min)　　表 7-2

调车机车类别	调车机车型号	整备时间		
		走行时间	纯作业时间	总计
一	东风 5	5	30	35
三	东风 5	5	30	35

交接班、吃饭时间标准(单位 min)　　表 7-3

调车机车类别	交接班时间					吃饭时间			汇总
	夜班		白班		合计	夜班	白班	合计	
	时段	时间	时段	时间		时间	时间		
一	20:00～20:20	20	8:00～8:20	20	40	30	30	60	100
三	20:00～20:20	20	8:00～8:20	20	40	30	30	60	100

下行系统调车场尾部列车编组时间标准(单位:min)　　表 7-4

方向	列车种类	每列平均辆数	每列平均钩数	编组时间						
				合计	空程时间	连挂时间	摘车时间	挂车时间	转线时间	站整时间
南	直通	59	3.7	30.3	7.9	9.5	0.9	0.7	10.6	0.7
	区段	55	3.5	29.8	8	9.3	0.9	0.7	10.2	0.7
	摘挂	45	18	110	8.4	10.2	46	33.5	11.2	0.7
东	区段	47	3.7	29.3	7.3	9.2	0.9	0.7	10.5	0.7
	小运转	45	3.6	30.5	8	8.9	0.9	0.7	11.3	0.7
	摘挂	45	37	96	8.2	8.1	37	30.4	11.6	0.7
西	区段	54	3.7	31.8	8.4	9.3	0.9	0.7	11.8	0.7
北	直通	54	3.6	31.3	8.2	9.2	0.9	0.7	11.6	0.7
徐州	小运转	20	3.6	29.5	8.2	8.5	0.9	0.7	10.5	0.7
交换		21	3.6	31.6	8.6	8.4	0.9	0.7	12.3	0.7
汇总(不含摘挂)		53	3.6	30.4	8.0	9.4	0.9	0.7	10.7	0.7

注:表中最后一栏汇总时间是除摘挂列车以外各方向、各种类列车编组时间的加权平均值。

一、驼峰解体能力计算

采用直接计算法。由公式(7-3)可得

$$
\begin{aligned}
t_{解占}^{单单} &= t_{空程} + t_{推} + t_{分解} + t_{禁溜} + t_{整场} + t_{妨} \\
&= 11.7 + 8.1 + 8.8 + 1.5 + 0.8 + 0 \\
&= 30.9\text{min}
\end{aligned}
$$

由公式(7-7)可得

$$
\begin{aligned}
t_{解占}^{双单} &= t_{分解} + t_{禁溜} + t_{整场} + t_{妨} + t_{间隔} \\
&= 8.8 + 1.5 + 0.8 + 0 + 2 \\
&= 13.1\text{min}
\end{aligned}
$$

由公式(7-6)可得

$$
\begin{aligned}
\sum t'_{固} &= \sum t_{交接} + \sum t_{吃饭} + 2\sum t_{整备} + \sum t_{客妨} + \sum t_{占取送} + \sum t'_{取送} \\
&= 2 \times 20 + 2 \times 30 + 2 \times 35 + 0 + 0 + 0 \\
&= 170\text{min}
\end{aligned}
$$

最后,取空费系数 $\alpha = 0.05$ 将以上数据代入公式(7-5)可得

$$
\begin{aligned}
N_{解2}^{双单} &= (1 - \alpha)\left(\frac{1440 - \sum t'_{固}}{t_{解占}^{双单}} + \frac{2t_{整备} + \sum t'_{取送}}{t_{解占}^{单单}}\right) \\
&= (1 - 0.05)\left(\frac{1440 - 170}{13.1} + \frac{2 \times 35 + 0}{30.9}\right) \\
&= 101.5\ 列/日
\end{aligned}
$$

以辆数表示的解体能力为

$$B = 101.5 \times 50 = 5075\ 辆/日$$

二、高峰小时驼峰解体能力计算

高峰时期,除反接改编列车产生妨碍外,没有其他妨碍时间。
由公式(7-12)可得

$$
\begin{aligned}
N_{小时}^{高峰} &= \frac{60}{t_{分解} + t_{禁溜} + t_{间隔} + t_{妨}^{反}} \\
&= \frac{60}{8.8 + 1.5 + 2 + 0} \\
&= 4.9\ 列
\end{aligned}
$$

以辆数表示为

$$B = 4.9 \times 50 = 245\ 辆$$

三、调车场尾部编组能力计算

采用直接计算法。

根据该编组站《车站行车工作细则》确定,南去方向的摘挂列车每日平均 2 列,东去方向的摘挂列车每日平均 4 列,所以编组摘挂列车的固定作业时间为

$$\sum t_{摘挂} = 110 \times 2 + 96 \times 4 = 220 + 384 = 604\text{min}$$

故由公式(7-14)可得

$$\begin{aligned}\sum t_{固} &= \sum t_{交接} + \sum t_{吃饭} + \sum t_{整备} + \sum t_{取送} + \sum t_{摘挂} \\ &= 20 \times 2 \times 3 + 30 \times 2 \times 3 + 35 \times 3 + 0 + 604 \\ &= 1009\text{min}\end{aligned}$$

因东去方向和南去方向的摘挂列车分别为4列和2列,所以

$$N_{摘} = 2 + 4 = 6 \text{ 列}$$

取空费系数$\alpha = 0.12$,将计算所得$N_{摘}$代入公式(7-13)得:

$$\begin{aligned}N_{编} &= \frac{(1440M_{机} - \sum t_{固})(1-\alpha)}{t_{编}} + N_{摘} \\ &= \frac{(1440 \times 3 - 1009)(1 - 0.12)}{30.4} + 6 \\ &= 101.8 \text{ 列/日}\end{aligned}$$

以辆数表示为

$$B = 101.8 \times 50 = 5090 \text{ 辆}$$

可以看出,该编组站驼峰解体能力和调车场尾部编组能力基本是均衡的。

第四节　驼峰解体能力与尾部编组能力的协调

在驼峰编组站上,驼峰的解体能力应与调车场尾部的编组能力相协调。当两者的能力相差较大,某一方限制了编组站调车场的改编能力时,须调整其作业负担,以利于提高驼峰调车场的改编能力。

当驼峰的解体能力($N_{解}$)小于尾部的编组能力($N_{编}$)时,为使两者协调,可将驼峰的部分整场作业交给尾部负担。

设解体和编组车列的平均编成辆数为$m_{解}$和$m_{编}$,调整后驼峰增加的解体能力为$\Delta n_{解}$,减少的尾部编组能力为$\Delta n_{编}$。设

$$r = \frac{m_{解}}{m_{编}}$$

则

$$r(N_{解} + \Delta n_{解}) \leqslant N_{编} - \Delta n_{编} \tag{7-18}$$

$$\Delta n_{解} = \frac{N'_{解}\, t_{整场}}{t'_{占峰}}$$

$$\Delta n_{编} = \frac{r(N'_{解} + \Delta n_{解})\Delta t_{牵}}{I_{编}}$$

将$\Delta n_{解}$、$\Delta n_{编}$代入式(7-18)并进行化简后得最大可能调整量为

$$N'_{解} = \frac{\dfrac{N_{编} - N_{解} r}{r}}{\left[\dfrac{t_{整场}}{t'_{占峰}} + \left(1 + \dfrac{t_{整场}}{t'_{占峰}}\right)\dfrac{\Delta t_{牵}}{I_{编}}\right]} \tag{7-19}$$

其中

$$I_{编}=\frac{t_{编}}{M}$$

$$t'_{占峰}=t_{解占}^{双单}-t_{整场}$$

式中：$N'_{解}$——调整后 $N_{解}$ 中驼峰不再参加整场作业的列数，列；

$t_{整场}$——驼峰解体列车每列平均整场时间，min；

$\Delta t_{牵}$——调整后尾部牵出线担任整场作业每列平均增加的整场时间，min；

$I_{编}$——编组一列车的平均间隔时间，min；

$t_{编}$——编组列车平均时间，min；

M——尾部调车机车台数。

$t'_{占峰}$——调整后驼峰不进行整场作业，平均解体一列车占用驼峰时间，min；

其他符号意义同前。

在调整解体能力和编组能力时，车站可根据设备和作业的具体情况，分析可能调整的各项因素，力求车站改编能力达到最大。

思考与练习题

7-1 驼峰解体能力和尾部编组能力如何协调？

7-2 某驼峰编组站，到达场与驼峰调车场纵列布置，有峰下桥，反向改编列车到达采用反接形式，驼峰采用点连式调速系统。驼峰作业方式为，由两台内燃调机实行双推单溜作业组织方式。列车平均编成辆数为 $m=50$ 辆/列。该站单项作业时间标准见表 7-5，辅助生产时间见表 7-6。要求：用直接计算法计算出驼峰的解体能力（不考虑取送车占用驼峰作业时间，空费系数 α 取 0.05）。

单项作业时间标准（单位：min）　　表 7-5

$t_{空程}$	$t_{推}$	$t_{分解}$	$t_{禁溜}$	$t_{整场}$	$t_{妨}$	$t_{间隔}$
6.3	5	8	0.5	1	0.6	2.5

辅 助 生 产 时 间　　表 7-6

项　　目	次　　数	时间(min)	项　　目	次　　数	时间(min)
吃饭	2	30	整备	1	70
交接班	2	20			